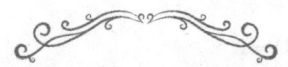

做孩子的
心理医生

白丽洁◎著

台海出版社

图书在版编目（CIP）数据

做孩子的心理医生 / 白丽洁著 . -- 北京：台海出
版社，2023.11
ISBN 978-7-5168-3719-1

Ⅰ . ①做… Ⅱ . ①白… Ⅲ . ①少年儿童—心理健康—
家庭教育 Ⅳ . ① G479 ② G78

中国国家版本馆 CIP 数据核字（2023）第 202175 号

做孩子的心理医生

著　　者：白丽洁	
出 版 人：蔡　旭	封面设计：尚世视觉
责任编辑：魏　敏	

出版发行：台海出版社
地　　址：北京市东城区景山东街 20 号　　邮政编码：100009
电　　话：010-64041652（发行，邮购）
传　　真：010-84045799（总编室）
网　　址：www.taimeng.org.cn/thcbs/default.htm
E - m a i l：thcbs@126.com

经　　销：全国各地新华书店
印　　刷：三河市双升印务有限公司
本书如有破损、缺页、装订错误，请与本社联系调换

开　　本：710 毫米 ×1000 毫米　　1/16
字　　数：170 千字　　　　　　印　　张：13
版　　次：2023 年 11 月第 1 版　　印　　次：2023 年 11 月第 1 次印刷
书　　号：ISBN 978-7-5168-3719-1

定　　价：59.80 元

前言　做孩子最好的心理医生

伴随着当下家庭教育的普及，越来越多的父母开始意识到心理健康对孩子成长的重要性。对于孩子来说，只有心理健康，才可能拥有美好的未来，这一点已经成为大多数家长的共识。

在这样的背景下，如果孩子真的出现了某种心理问题，我们该怎么办呢？也许有人会说看心理医生啊。尽管心理医生这种职业在日常生活中并不少见，但是却极少有父母会选择带孩子去那里，除非孩子患有很严重的心理疾病。

为什么家长们会做出这种选择呢？大致的原因有3个：一是因为孩子的许多心理问题都不是真正的问题，它们更多的是孩子成长中的一种正常现象，如孩子的多动症、厌食症等，这些对于关爱孩子的父母来说，他们往往可以通过学习儿童心理学知识来解决；二是受传统观念的影响，如果父母动不动就带孩子去看心理医生的话，别人会认为孩子真的有心理疾病，这种消极的心理暗示会对孩子的身心造成一种不良的影响；三是源自父母本身对此的不重视。虽然我们在上文中说过大多数父母都很重视孩子的心理健康问题，但是由于工作、精力等各个因素影响，父母并不能很好地做到关注孩子的成长，缺乏关注则缺乏洞察力，洞察不到自然就谈不上重视。

综合上述的3个原因，我们可以发现，真正的心理医生在孩子的成长中出现的机会其实是很少的。

这种发现对比孩子成长中出现的各种心理问题，简直让我们惊讶不已。既然如此，难道孩子们自己有调节心理的能力吗？如果不是，那么又是谁在孩子的成长中扮演了事实上的心理医生的角色呢？答案不言而喻，就是我们自己，孩子的父母或其他监护人。不要小看我们自己，事实上，在孩子的成长过程中，父母完全可以成为孩子最好的心理医生。

首先，父母对孩子的爱是不容置疑的。从他们呱呱坠地的那一刻起，父母就倾注了所有的爱在孩子身上。不同的父母表达的方式或许不同，陪伴孩子的时间也有长短之分，但是他们在内心深处都充满了对孩子的爱。因为爱孩子，所以他们会用自己认为最好的方式来对待他们；因为爱孩子，他们会因为不能很好地处理和孩子之间的关系而焦头烂额；因为爱孩子，他们会在孩子心理出现问题的时候困惑和头疼不已。

父母本着对孩子的爱，希望孩子可以全盘接受他们所做出的安排，但是却忽略了最重要的一点，孩子是一个独立的个体，并且伴随着他们的成长，他们会产生自己的判断力和心理诉求，他们也有自己的感受，因此孩子在成长过程中有时候会"拒绝"父母，父母也会感到伤心。但是这种情况的发生并不会影响父母对孩子的爱，反而会促使他们去反思，去更好地关注和了解孩子的心理感受——这是一种真正的无私的爱。

其次，父母在孩子的成长过程中陪伴他们的时间是最长的，孩子的成长在他们的眼中是具有持续性的。几乎每一个孩子在儿童期父母都是不会缺席的，他们见证着孩子从一个婴儿走向幼儿，从幼儿走向少年，在孩子一点一滴的变化中陪伴他们成长。每当孩子的心理产生一些变化时，他们总是能够最及时和敏锐地察觉到，小到婴儿时期的各种哭喊，大到进入青春期后的叛逆，只要孩子的心理与前一阶段相比产生变化，父母总是会以关切的目光追随着这种变化，生怕因忽视或引导不当给孩子造成终身的遗憾。因此，对于孩子成长中的变化，父母是最有发言权的。

不过伴随着时代的变化，父母的这一发言权也遭受到了一定程度的挑战。现代社会发达的信息网络和社交渠道，使得孩子们的认知水平远远超过了父母当年，甚至对父母当下的认知水平也产生了一定的挑战。俗话说"五年一代沟"，那么，相对于小我们二十几岁的孩子来说，完全不是一个时代的认知造成了沟通上的"鸿沟"。父母认为关于孩子的一切他们没有不知道的，但是孩子却会直截了当地告诉父母，你们就是不懂我。面对"顽固不化"的父母和"不懂事"的孩子，伤心是双方的。对此，父母需要在尊重孩子的基础上，努力扩展和更新自己的知识层次，学习最新的儿童心理学，做孩子生活和学习中的朋友，与他们一起分享成长中的喜悦和烦恼。只有这样，才能真正地参与到孩子的成长中来，继续保持我们该有的"发言权"。

再次，儿童心理学的发展和普及，在客观方面为其提供了一定的条件。早在多年以前，儿童心理学家皮亚杰就用其毕生的精力对儿童心理进行了大量的实验和研究，为亲子教育的发展提供了许多宝贵的资料。皮亚杰创立的认知结构主义儿童心理学理论强调，我们应该根据儿童自身的情况和心理特征进行教育。作为孩子成长过程中第一任教师的父母，在这一行为中承担了非常重要的责任。父母如果都不了解自己的孩子的心理的话，那么孩子在成长中的许多问题都将得不到及时的解决，这对孩子成年以后的智商、情商，甚至是生活中的幸福指数都有很大的影响。这是每一位父母都想要极力避免的问题，因此他们会去大量翻阅关于儿童心理学方面的书籍，去了解儿童成长中常见的一些心理特征和心理变化，了解和知晓一些常见儿童心理疾病的起因和伤害程度等，及时进行一些预防性的心理指导，避免影响孩子的健康成长。

在孩子童年行为对人生的影响中，存在着一种蝴蝶效应，即孩子童年时期的一些优秀品质会在其成年后得到放大，成为受益终身的资源，反之亦然。而这些品质的形成经过许多行为学家验证，都与幼年时期父母的引导密切相关。无论是孩子的优势还是劣势，或者是一些不良的情绪都会在父母的行为和态度中得到强化。因此，从某种意义上而言，孩子的心理问题其实大多都是父母造成的。

既然我们明白了心理健康对于孩子人生的重要性，那么无论是出于对孩子的爱还是责任，作为父母的我们都应当去了解一些儿童心理学，去做孩子成长中最好的心理医生，这将是每一位有责任心的父母的职责所在。

最后，祝愿所有的孩子都能够健康地成长，也祝愿所有的父母都能够和孩子一起分享成长所带来的喜悦，愿天下的父母心都能得到最好的安放。

目　录

Part 1 新生儿期（0～1岁）——人生的第一个敏感期

第一节　不可思议的新生儿 / 002

第二节　0岁是教养的开始 / 006

第三节　不同的婴儿气质 / 011

第四节　初生婴儿的"最强大脑" / 016

第五节　哭的多重含义 / 021

第六节　小宝宝也会有心事吗 / 026

第七节　秩序和规律对于新生儿的意义 / 031

第八节　宝宝为什么不让你抱 / 035

第九节　探索世界的方式 / 040

Part 2 婴幼儿期（1～3岁）——我要自己来

第一节　不走寻常路的宝宝 / 046

第二节　自己为自己代言 / 050

第三节　2岁宝宝爱说"不" / 055

第四节　保护孩子的好奇心 / 060

第五节　宝宝得了"厌食症" / 065

第六节　爱抢别人玩具的"坏"宝宝 / 070

第七节　妈妈不要走　　　　　　　　　　　　　　/ 075

第八节　我想哭一会儿　　　　　　　　　　　　　/ 080

Part 3　幼儿期（3～6岁）——丰富多彩的世界

第一节　"可怕"的3岁　　　　　　　　　　　　　/ 086

第二节　臭妈妈、屁爸爸　　　　　　　　　　　　/ 091

第三节　我有许多许多好朋友　　　　　　　　　　/ 096

第四节　我是男孩还是女孩　　　　　　　　　　　/ 101

第五节　事事追求完美的孩子　　　　　　　　　　/ 106

第六节　我是第一名　　　　　　　　　　　　　　/ 110

第七节　会讲故事的"淘气包"　　　　　　　　　　/ 115

第八节　天空中变幻的云彩　　　　　　　　　　　/ 120

第九节　幼儿也有"拖延症"吗　　　　　　　　　　/ 125

Part 4　少儿期（6～9岁）——我是一名小学生

第一节　我要上小学了　　　　　　　　　　　　　/ 132

第二节　无法集中的注意力　　　　　　　　　　　/ 137

第三节　上学是一件很累的事情吗　　　　　　　　/ 142

第四节　分数不能说明一切　　　　　　　　　　　/ 147

第五节　打架背后有原因　　　　　　　　　　　　/ 152

第六节　孩子为什么在妈妈面前很沉默　　　　　　/ 156

第七节　孩子爱说谎话怎么办　　　　　　　　　　/ 161

 **孩童期（9～12岁）——小小少年烦恼多**

第一节　请尊重我选择的权利　　　　　　　　　　　　　/ 168

第二节　送一面镜子给女儿做礼物　　　　　　　　　　　/ 173

第三节　我长大后要做一名飞行员　　　　　　　　　　　/ 178

第四节　小学生也会谈"恋爱"　　　　　　　　　　　　/ 183

第五节　追星行为与"偶像"情结　　　　　　　　　　　/ 188

第六节　每个孩子都可以有自己的"小秘密"　　　　　　/ 193

Part 1

新生儿期（0～1岁）——人生的第一个敏感期

在孩子成长的众多关键期中，0～1岁这个时期尤其重要，它不仅是孩子人生中的第一个敏感期，而且是孩子独自面对世界的第一个阶段，这个时期，婴儿的身心发育都将直接影响他们以后的性格和习惯，也影响日后的生活品质。

第一节　不可思议的新生儿

当初为父母的我们，听到婴儿那第一声响亮的啼哭时可能会感动，可能会觉得生命缔造的神奇——事实也的确如此，从那之后的每一天，我们将开始感受小生命的神奇。

大约在 100 多年以前，美国心理学家威廉·詹姆斯曾经把婴儿期说成是一个"繁花似锦、匆忙而迷乱的时期"。在儿童心理学问世之前，更确切地说是在我们关注儿童心理之前，父母们大概也都是这么认为的。一方面，为迎接新生命的到来而感到激动和兴奋；另一方面，因为新生命的到来而打破了以往的节奏，生活开始变得匆忙而又迷乱。这些比起如今的父母，其实还算不了什么。在过去大多数人的概念里，新生儿除了吃就是睡，除了管好他们的吃喝拉撒睡，还有什么需要操心呢？至于教育，就要等他们会说话、会走路之后再作考虑。

新生儿真的是无所事事吗？是否不存在自己独立的心理活动呢？一位刚刚生完宝宝的妈妈的经历，似乎可以否定人们的这一看法。刚刚生产完的妈妈还很虚弱，她静静地躺在医院的病床上，在她旁边的一张小床上，是她刚刚出生 6 个小时的宝宝。妈妈实在是太累了，还没有来得及看一眼她的宝宝。突然，小床上的宝宝好像是感受到了环境的变化，抑或是因为想要引起别人的注意，小小的身体在襁褓中不安分地扭动起来，细小的喉头也发出"吭吭"的声音，眼看马上就要哭起来了，怎么办？只见妈妈伸出她那修长的手指，隔着宝宝的襁褓轻轻地拍了几下之后，宝宝又甜甜地进入了梦乡。当宝宝再次出现这种情况时，奶奶用了和妈妈一样的方式，但是却不奏效，最后，宝宝还是在妈妈的安抚下再次安静下来。

在这个场景中，我们可以发现婴儿做出了 3 个不寻常的举动：第一，他对周围的环境有了初步的感知，并且可以表现出来（不安分地扭动）；第二，会在感知到熟悉的节奏和气息时安定下来（妈妈的安抚）；第三，可以敏感地感受到熟悉和陌生（相对于妈妈而言，奶奶是陌生的）。这竟然是一个出生还不到 24 个小时，甚至还没有睁开眼睛看一眼自己的妈妈的新生儿的行为，是否觉得有些不可思议呢？

不要总是觉得新生儿不会说话，他们就不存在心理活动。其实，婴儿心理活动的产生远比我们想象的要早。许多妈妈可能都有过给胎儿做胎教的经历。在做胎教的过程中，可以明显地感觉到有时候宝宝比较兴奋，如胎动明显；有时候也会觉得宝宝比较安静，如待在妈妈的子宫中一动不动。最神奇的是，当妈妈觉得心情躁动，情绪不好时，宝宝在腹中也会变得很焦躁，这就是所谓的"母子连心"。但是新生儿作为一个完整的生命个体，第一次让人们感受到他的心理活动的，却是在离开母体时那一声响亮的啼哭。当我们听到婴儿的第一声啼哭时，会认为这是宣告生命的诞生，然而对于婴儿来说，又何尝不是换了新环境的不安和抗议？所以，我们有理由相信，新生儿从他们诞生的那一刻起，就有了自己完整的心理活动和心理需要。

你是否试着去端详一张婴儿的脸？可以在他清醒的时候，也可以在他熟睡的时候。通过观察你会惊讶地发现，一个如此小的孩子却基本上具备了成年人的表情，他们会哭、会笑、会撇嘴，也会皱眉。在他们小小的脸庞上，甚至可以发现什么是不安，什么是满足，而这些都是他们内心变化的外在显现。那么，对于内心丰富却表达受限的新生儿们，我们又该如何了解他们的心理呢？

通过观察可以发现，新生婴儿一般都是通过体态语言来表达自己的心理需求。这些体态语言包括面部表情和身体姿势的变化。有时候他们会大哭大闹，有时候则紧皱眉头，有时候咧嘴微笑，有时候挥动起小拳头，这些表现都代表了新生儿的什么心理需求呢？

首先，我们来了解一下最常见的表达方式：哭声。哭声是婴儿最初的一种心理语言，由于6个月以前的婴儿还不能用语言和动作来表达自己的意愿和需求，因此哭声就成为最主要也是最常用的一种方式。婴儿的啼哭，往往和他们的情绪、感觉以及生理需求联系在一起，想要引起他人的关注，来满足心理需求。宝宝在啼哭之前，通常会先瘪起小嘴，表达心里的委屈，这是啼哭的先兆，接着就是由小渐大的啼哭，这种表情和哭声其实是向成人诉说他们的需求。譬如肚子饿了要吃奶，寂寞了要人逗乐，厌烦了要大人抱起来换个环境或改变一种姿势。如果父母够细心，就能通过观察宝宝的不同哭声，揣摩宝宝的不同需求，适时并及时地满足他们的需要。

宝宝们常用的第二种表达方式是微笑。婴儿往往在出生不久后就能够发出本能的微笑，这是内心情绪的一种表达，也是身体舒适的反应。在新生儿稍微长大一点，大约是两个月以后，我们几乎可以判断出什么情况下宝宝会被逗笑。一般婴儿会在妈妈的爱抚和他人的逗乐后，表现出手舞足蹈，这是一种很愉快的情绪，伴随着这种愉快的情绪，新生儿也会出现"社会性的微笑"，这种行为反映的就是婴儿内心初级的社交意识。

宝宝笑的形态是多种多样的，同时也是很短暂而快速的。在婴儿微笑的时候，眼睛也会变得比往常更有神，这表示婴儿内心渴望得到大人的鼓励。如果在这个时候，妈妈适时地给予一个笑脸，或者用手轻轻抚摸宝宝的脸颊以示鼓励，都会对他们的行为产生莫大的鼓舞。在新生儿幼小的心灵里，其实已经有了渴望被关注和被鼓励的心理需求。

宝宝们常用的第三种表达方式是面部表情。面部表情是心灵的直接反映，虽然宝宝们还没有经过外界世界的洗礼，但是他们的大脑构造已经趋于完成，因此也会有生理状态方面的意识。如大小便、身体不舒服等。由于新生儿年龄幼小，加上父母及其他抚养人不能很好地读懂宝宝的面部表情，因此常常会产生宝宝不懂事的错觉，其实这些都是误解。

就拿大小便来说，只要仔细观察，完全可以发现宝宝们是有信号发出的（睡着的状态除外——因为婴儿还不具备区分睡梦状态和日常生活的能力）。据观察，男婴通常以噘嘴来表示小便，女婴多以咧嘴或上唇紧合下唇来表示小便。父母若能及时观察到婴儿的嘴型变化，就能摸清婴儿小便的规律，从而加以引导，逐步培养宝宝的自控能力和良好的便溺习惯。如果宝宝眉筋突暴，面部发红，目光呆滞，这一般是因为宝宝“内急”，要大便了。

健康婴儿的眼睛总是明亮有神，时刻追随着外界光线和景物的变化而变化。若有一天，宝宝突然对这一切都提不起兴趣，眼神变得倦怠而黯然无光，这多半是因为他们的身体不舒服，需要父母更加细心地照顾和及时预防，防止疾病的发生。

除了这些表达内心需求的暗示之外，宝宝们还非常善于自娱自乐。大多数宝宝在吃饱喝足、换上干净尿布，而且还没有睡意时，会自得其乐地玩弄自己的嘴唇和舌头，如吐气泡、吮手指等，玩得非常开心；还会模仿大人的表情，如伸舌头、动眉毛等。还会对喜欢的人伸出胳膊，要求抱抱；也会对不喜欢或者陌生的人通过转过头或者推开表示抗拒，这些不仅是宝宝们自己学习的结果，同时也是和大人们的一种交流互动。

看了以上这些令人不可思议的行为，你还能说那些不满周岁的新生儿是什么也不懂的奶娃娃吗？原来，不懂的始终是我们——自以为是的成年人。

第二节　0 岁是教养的开始

教育孩子要从 0 岁开始? 面对儿童心理学界和教育界的这一号召,不少父母可能会觉得过于夸张。尽管现在不少年轻的父母已经开始意识到胎教的重要性,并且大多数也确实加入到了这种行动中,但是面对"教养要从 0 岁开始"的观念,还是不免会产生疑惑。

在许多早教书籍中,我们会经常看到"成长关键期"这个词语,而 0 ~ 1 岁是孩子们成长过程中的第一个关键期。儿科医生也经常告诫刚刚升级为妈妈的女性们,在孩子 1 岁前要尽量多陪陪他们,因为这段时间对于孩子很重要。的确,在孩子成长的众多关键期中,0 ~ 1 岁这个时期尤其重要,它不仅是孩子人生中的第一个敏感期,而且是孩子独自面对世界的第一个阶段,这个时期,婴儿的身心发育都将直接影响他们以后的性格和习惯,也影响日后的生活品质。

这些话丝毫都不夸张,可以先试着来了解"关键期"的可靠性。在个人成长的阶段中,是否真的有关键期的存在,我们可以从一些真实的故事中去寻找答案。

第一个故事是著名的"狼孩"故事。1920 年,在印度加尔各答的东北山区发现了两个从小被狼叼去并且被母狼抚养大的女孩子,当时,大孩子已经 8 岁,后来取名卡玛拉;小的 2 岁,取名阿玛拉。人们从狼窝里把她们接回来,送到了当地的一所孤儿院。不幸的是,阿玛拉一年后因病死去,而卡玛拉才活到 17 岁。卡玛拉从 8 岁开始回归正常人的生活,经过了人们的调教和接触一些社会生活,逐渐学会了人的一些基本生活习惯，如穿衣、直立行走；知道了一些简单的数字和词汇，还能讲一些简单的话语，但经过智力测验，卡玛拉17岁时的智力水平只相当于3岁半的儿童，而且她的智力永远也不可能达到正常同龄人的水平。

还有一个故事发生在美国。1970年，美国的社会工作者发现了一个叫基妮的13岁半的小姑娘，她被狠心的父母关在一个与世隔绝的地窖里，被发现时她除了会吃饭，其他的什么也不会，甚至不会说话。经过6年的系统教育，到19岁时，她的语言能力虽然有所提高，但也只相当于一个正常的5岁儿童，而且据专家测试，她永远也不可能恢复到完全正常的水平。

21世纪初有研究发现，在我国现年50～60岁的大部分成年人，平均身高比其他年龄组的明显矮2～5厘米，这是因为他们在身体发育的关键期：1岁左右和14岁左右，恰好遇上三年自然灾害，严重的营养不良导致了他们身体发育迟滞。在现在的生长环境下，由于营养习惯的差异，不同的年轻人身上也会有所体现。

以上这些案例都说明，即使有正常的遗传基因，但是如果错过了人生心理、生理发展的某段关键期，也会造成永远无法弥补的缺陷。

也就是说，假如0～1岁真的是儿童心理发展的关键期，而这段时间我们缺乏对儿童心理发展的重视，没有给孩子的发展提供良好的条件，那么就有可能造成他们心理上的"营养不良"。作为年轻一代的有知识、有文化的父母，我们深知对于一个孩子来说，心理上的健康比身体上的健康更重要。那么，0～1岁确实是儿童心理发展的关键期吗？

近年来，许多心理学家对这个问题进行了探索，研究发现，1岁以内的婴儿在充满爱心和丰富刺激物的环境中，他们自发的探索行为会得到养育者及时的鼓励，这将大大促进孩子对环境的积极探究，促进他们智力的发展。相反，如果孩子生活在孤儿院或者非正常的家庭中，不仅对他们的心理造成影响，还会导致他们运动技能发展比较落后，社交能力发展也会遇到阻碍。在他们长大后，往往只爱玩一些呆板、幼稚的游戏，在和陌生人的接触中，则会有所抵触和害怕，这些都会使他们依赖熟悉的环境，而缺乏对外面世界的探索。当然，这些孩子的智力水平也远远达不到正常孩子的水平。

一位名叫韦恩·丹尼斯的心理学家研究了黎巴嫩孤儿院的孩子。他发现，这些孩子整天躺在小床上，无人理睬，也没有人和他们说话。结果，许多孩子到 1 岁时还不能坐起来，到 4 岁时还不会走，他们的智力测验得分非常低，平均只有 53 分（正常孩子平均 100 分）。丹尼斯还追踪了一些被领养的其他孩子，他发现，如果这些孩子是在 1 岁以前被领养至正常家庭的，在若干年的教育之后，他们的智力还是可以达到同龄儿童水平的。但是如果是在 6 岁以后被领养的，智力则永远达不到正常的水平。

这些事实证明：1 岁以内确实是儿童心理发展的一段关键期。

心理学家和教育学家们呼吁教养从 0 岁开始，不仅是因为 0～1 岁对儿童的成长和心理发育有着重要的影响，同时也是因为婴儿的早期经验会对他们以后的心理发展产生持续性的影响。比如由爸爸妈妈亲自抚育的孩子，长大后往往比爷爷奶奶带大的孩子性格更开朗、更阳光，也更自信，这是由于他们在成长的初期得到了更多的关注和回应。

我们都知道，婴幼儿在主观能力方面的差异，早在他们出生时就表现出来了。比如有些孩子一出生就会啼哭，有些孩子需要医生拍打才会啼哭；有些孩子出生几天就会到处找人，有些孩子则需要长得更大一些才会；等等。美国几位儿童心理病理学家追踪研究了生活在贫困环境里的一些美国儿童，他们在这些孩子 2 岁时测验了他们对母亲的依恋程度以及对周围世界的探索能力和解决问题的能力。心理学家们发现，虽然这些孩子同样生活在贫困的家庭中，但他们的适应能力却差别很大，一些孩子适应能力强，另一些孩子适应能力差。研究人员们后来一直追踪到这些孩子上小学，并且再次测验了他们的智力、情绪和社会交往能力，结果发现，2岁时适应能力强的那组孩子，在小学4年级时的综合心理测验平均得分为260分；而早期适应能力差的那组孩子平均只得110分。这项研究也强有力地说明，早期经验对后期的心理发展会产生持久的影响。

还有一个发生在我们周围的例子，同样也可以验证这个结论。在生活中，经常会听到有些妈妈抱怨：为什么我的孩子非常黏人？为什么我的孩子非常怕黑？确实，有许多孩子平时有家人陪伴的时候看不出什么问题，一旦与父母分开，马上会表现得特别焦虑；有些孩子到了四五岁，晚上上卫生间还需要父母陪着，一遇到天气不好或乌云闪电连门都不敢出。产生上述现象的原因，除了一部分孩子是天生胆小，更多的则是孩子在0～1岁期间，父母没有给予足够的安全感。试想，当你独处一间陌生的屋子时，你会不会产生心慌、不安等紧张的情绪，一个有自保能力的成年人尚且如此，更何况是一个初来人世的小婴儿呢？对于初到世界上的新生儿来说，外面的世界对于他们既是新奇的，又是不可知的，不可知就会产生不安感，这种不安感如果没有得到及时消除，就会在孩子的心中留下阴影，也就是我们常说的没有安全感。而消除这种不安感最好的办法就是爸爸妈妈的陪伴，这是新生儿获得安全感的最基本途径。

综上可以看出，尽管孩子从出生到1岁前不会说话，不能和成年人进行语言交流，但是从出生就表现出强烈的接近世界、接近人的愿望，他们的啼哭、微笑、咿咿呀呀，都表现出不屈不挠地探索周围未知世界的追求，这是他们的求知欲和想要成为社会人的愿望的最好表达。作为父母，有什么理由错过这段宝贵时间呢？对于每一个不可逆的成长，我们唯有以热烈的爱对待孩子，给孩子创造发展的环境，揣摩他、响应他、回应他，才能真正无愧于"为人父母"这四个字。

因此，有必要在此提醒所有的年轻父母，教养孩子不是一项任务，而是一种责任，是从孩子一出生就注定的一辈子的责任。

第三节　不同的婴儿气质

作为一个妈妈，你是否有过这样的抱怨："为什么我的宝宝很爱哭？""为什么他这么好动，这么难带？"等。在和其他同龄宝宝比较后，每一个妈妈都会或多或少地发出这样的抱怨。每一个婴儿从一出生就性格各异，更准确地说，是具有不同的婴儿气质。

气质是心理学中用来形容性格的一种比较稳定的特征，它会典型地反映在人的日常情绪和行为方式上面。气质虽然是天生的，但是由于受到后天环境的影响，也会发生一定的改变。作为成年人是可以理解的——一般情况下，我们在交往一段时间后，就能够基本判断出对方的气质类型。但是对于婴儿的气质，可能知之甚少。既然已经了解到气质的先天性，那么婴儿气质的说法也应该是成立的。生活中，有些婴儿爱笑，有些爱哭；有些好动，有些文静；有些主动大方，有些害羞胆小；有些小心翼翼，有些大大咧咧，这些不同的表现，都是因为婴儿气质的不同。

对于婴儿的气质，不同的研究者有不同的看法。我们一般采用的是心理学家托马斯和查斯的说法，托马斯和查斯在对婴儿行为进行长期观察研究的基础上，提出了判定气质的 9 个维度，分别是：活动水平，宝宝在睡眠、饮食、穿衣、游戏等过程中身体活动的数量。生理活动的节律性，宝宝在吃、喝、睡、大小便等方面是否有一定的规律。注意分散程度，比如玩耍时，用其他物品去吸引他时是否容易分心。接近或回避性，宝宝面对新情景、新的刺激及陌生人时，是主动接近还是退缩。适应性，宝宝对新环境、新刺激的适应能力，能否适应及适应的快慢程度如何。注意的广度和坚持性，如宝宝对自己喜欢的玩具是否能玩很长时间，玩智力玩具能否坚持到最后并且独立完成。反应的强度，如宝宝感到饥饿时，是放声大哭还是低声抽泣。反应阈限，比如婴儿期的宝宝对声音的反应是否迅速，大一些的宝宝对自己喜欢和不喜欢的食物混在一起是否在乎。心情质量，积极、愉快情绪与消极、不愉快的情绪相比较的量。

根据婴儿气质的 9 个表现维度，专家们将婴儿气质分为 3 种类型：一是平易型，这类婴儿在吃、喝、睡、大小便等方面很有规律，也较容易适应新环境、新事物及不熟悉的人，对父母及照顾者的哺育有着积极的反应，容易得到父母的关爱；二是困难型，这类宝宝较少，他们时常表现为大声哭闹、烦躁不安或爱发脾气，在饮食、睡眠方面也缺乏规律性，常常需要花很长的时间来适应新的环境和活动，也常常情绪不佳，养育这类宝宝的父母需要付出极大的耐心和宽容；三是迟缓型，这类宝宝的活动水平低，情绪总是不高，不像困难型的宝宝那样大声哭闹，而是表现安静、退缩的样子，往往逃避新刺激、新事物，对外界环境及生活变化适应较慢。

迟缓型气质的宝宝一般典型行为特征表现得比较晚，有时候容易被父母忽视，或者会被简单地误解为胆小、怕生等。其实他们早在婴儿时期就已经有一些倾向，如对洗澡和新食物不感兴趣、不配合，尽管他们也抗拒，但是表现却比较安静。有些父母因此做出一些"强迫"或者"包办"的行为，"强迫"不仅会给孩子造成心理上的压力，还会增强逃避反应；"包办"则会导致过度保护，从而阻碍了孩子正常地去接触和接近新环境、新刺激，这样也会使宝宝的各种能力发展受限，影响他们正常发展。

你的宝宝属于哪种类型呢？不同类型的宝宝的气质有没有什么优

劣之分呢？相信很多父母都会关注这个问题。虽然不同的宝宝养育起来面临的情境不一样，但总体而言，气质并无好坏优劣之分。就如民间谚语常说的"龙生九子，九子不同"一样，每个不同气质的宝宝都是正常的孩子，他们只是代表着不同的气质差异，这也是个体差异性产生的一个重要的心理特征。同时，每一种气质类型的孩子也都有自己的优点和缺点，比如平易型的孩子很随和，性格开朗，适应能力也很强，但是做事比较轻率，感情也不够稳定；困难型的孩子情感丰富，对事物非常敏感，但是很任性，适应能力也比较差，尤其爱发脾气；迟缓型的孩子情感深沉，遇事较冷静，但是一般比较孤僻，缺乏自信。

那么，婴儿的气质有没有可能改变呢？"江山易改，禀性难移"，这对于婴儿的气质也同样适用，禀性其实就是这里所说的气质。一般来说，气质之所以具有稳定性，是因为随着年龄的增长，气质特征总是保持相对的稳定性。一个儿童在婴儿期所表现出来的气质特点，可能会持续一生，这是由气质的遗传性所决定的。但是现代科学也验证，气质不仅具有稳定性，也具有可变性。由遗传所决定的气质只占到气质总体成分的50%，而在环境等因素的影响下，气质也可以发生一定的改变。如一个适应性不强的孩子，可以通过环境塑造或者行为治疗，变得逐步适应环境。

大体上来讲，影响婴儿气质的因素主要有以下几个：一是遗传因素。遗传学研究显示，同卵双生子的气质相关程度明显大于异卵双生子；个体的活动水平、行为退缩、情感转移、抑郁等都与遗传有关。二是母体的情绪。国内有研究报告表明，母亲孕期的心情，对分娩疼痛的恐惧、孕期的工作环境、孕期的看电视时间、住房条件等因素都会影响婴儿的气质类型和气质维度。三是年龄因素。长期纵向观察研究证明，儿童的气质类型相对稳定，但随着年龄的增长，构成气质的各维度可能会发生一些倾向性变化，如活动水平及反应强度降低、节律性变好、注意力趋向集中、反应阈限升高等，同时消极心境也会增多。四是独生子女的影响。独生子女活动水平较低，适应较快，易于接近或倾向探究，注意力易于集中。

了解这些因素就可以针对孩子的不同气质，采取能够适合婴儿原有气质的教育方法，同时在条件允许的情况下，提供一些可以改善其不足的环境和刺激，促进儿童全面健康的发展。对于那些可能会影响婴儿气质的不良因素，在抚育的过程中要尽量避免，让婴儿气质与养育环境相协调，促进婴儿心理行为与情绪的正常发展。

需要明白的是，这么做的最终目的，不是要改变孩子的气质，而是帮助我们更加了解自己的孩子。孩子表现出一定行为时，可以理解并且帮助他们。

说到了解孩子，并不是每一个做父母的都了解自己的孩子。比如有的孩子早上一睁眼就哇哇大哭，是不舒服、不高兴，还是不满意？如果了解孩子的气质类型，你可能就会知道他们此时的心境偏于消极，从很小的时候开始，早上一睁开眼就哇哇大哭，我们可以带着理解的心态看孩子，早起主动跟孩子热情地打招呼，帮助孩子发泄不良情绪，使孩子保持愉快的心情。假如我们不了解孩子的气质特点，就会觉得孩子怎么总是哭，也会变得很烦躁，而这种烦躁只会加重孩子的消极心境，影响孩子的心理发育。

对孩子不同气质类型的了解，还可以帮助我们在养育孩子的过程中做到因材施教，尽量避免与孩子发生冲突。如果你没有满足他们的要求，比如想要玩具而没有买，对平易型和迟缓型的儿童来说，一般转移他们的注意力就行，但是对于困难型的儿童，他们对于外界的反应强度往往很高，往往不吃这一套，他们可能会倒地撒泼打滚，或者做出其他的过激行为。此时可以采取"故意忽视法"，不要硬碰硬地告诉他们应该怎么做，因为处于愤怒的情绪中是什么话都听不进去的。

这时尽量不要搭理他们，尤其不能和他们进行眼神的交流，否则当孩子知道你在关注他，发脾气的时间就会更长。等到他们安静下来了，再讲道理，这时候孩子往往比较容易接受。这种"理智"的教育方式，对父母和孩子双方的心理都是有好处的。

最后还需要澄清一个问题，那就是气质和性格是不一样的两个概念。气质是先天带有的，从一出生就具备可观察的特征，但是性格，一般要在孩子长到两三岁后才会逐渐形成。性格是在气质的基础上，以及后天的环境因素或者家庭教育等外在因素的影响下，潜移默化形成的，二者相互渗透又相互制约。

第四节　初生婴儿的"最强大脑"

在现代社会中，大多数人似乎都患有一定程度的脸盲症。但当我们听到刚上幼儿园的孩子向你介绍这是他们班的某某同学，或者是某某同学的妈妈时，大多数的父母都会感慨孩子们惊人的记忆力。事实上，每个婴儿在刚出生的时候都具有一个"最强大脑"，只是我们没有去注意罢了。

在《最强大脑》某一期的节目中，主持人曾经说过，对于6个月以下的婴儿，辨认起来实在是太困难了，甚至能难倒他们的妈妈。这一说法对于有些父母来讲，确实不算夸张，尤其是十几个差不多大的小孩同时出现在你面前。

在节目中，当选手何思慧通过观察父母的表情、神态等在众多婴儿中准确找出他们的宝宝时，着实惊呆了在座的所有评委和电视机前的观众，她应该算是当之无愧的"最强大脑"了吧。但是如果有人告诉你，刚出生不到1岁的婴儿也有一个"最强大脑"，你会相信吗？

和何思慧一样，婴儿也具有极强的观察能力和辨识能力。许多小婴儿在刚出生后的几个小时内，即使他们的视力只有0.02，也能从众多的女性中辨认出哪个是妈妈，他们真的拥有与生俱来的超强记忆力吗？

研究发现，新生儿对人脸图有一种天生的兴趣，或许是因为"相似性"的缘故。但是新近的研究也证实，两个月以下的婴儿并不能很好地区分人脸图和假人脸图，他们对两幅图的观察所用时间是大致相等的，因为他们还不会看图形里面一些详细的特征，如人脸中的眼睛、眉毛、鼻子、嘴等细节。等他们到 2～3 个月大时，婴儿看人脸图比看假人脸图的时间要长得多。在日常生活中也可以发现，比如拿两张同样的照片给 3 个月大的孩子看，一张正的，一张倒的，孩子一定是看正的那张时间比较长，这说明 3 个月大的婴儿已经开始关注细节了。

正因为如此，3 个月大的婴儿也会开始分辨熟悉人和陌生人。拿一张你与他人的合影，或者是你与亲人的合影给宝宝看，宝宝会明显表现出对妈妈的关注，他们看妈妈照片的时间比看陌生人照片要长得多。等到婴儿到了 5 个月大时，他们的本事会变得更大，当你多次给他们看一张照片之后，下一次如果你再给他们看同一个人的另一张照片，他们马上就能认出来，知道这是一张新的照片。

对人脸的特殊兴趣和对妈妈的长时间观察，是婴儿能够辨认出妈妈的第一个重要条件。此外，婴儿在辨认妈妈的时候，还会通过嗅觉和声音。一般母乳喂养的婴儿在妈妈喂过一次奶后，就能够准确地辨认出妈妈的气息，以此来判断同样温暖的怀抱是不是妈妈。婴儿对妈妈的声音也有独特的记忆，这不仅是出于本能，也是对妈妈声音的偏爱。

在几十年前，一些具有创新精神的心理学家对一些新生儿做了一项让人称奇的实验。研究人员让 10 名刚分娩后的产妇读一段长 25 分钟的文章，以录下她们的声音。参与这次实验的正是这些产妇的婴儿们（5 名女婴和 5 名男婴）。研究人员给婴儿戴上耳机，让他们嘴里吮着橡皮奶头。这只橡皮奶头与一架能够启动录音机的仪器相连接。

他们给这些只有 3 天大的婴儿先听自己妈妈的声音，然后再给他们听一位陌生母亲的声音，或者将顺序颠倒过来。在婴儿们听录音带时，研究人员观察他们吮吸的反应。让人惊讶的是，婴儿通常都会改变自己吮吸的方式（加快或者放慢），以便能更长时间地听到自己妈妈的声音而非陌生人的声音。

这项实验表明，婴儿不仅能够辨别出自己母亲的声音，而且和陌生人的声音相比，他们更偏爱母亲的声音，同样的实验换用父亲的声音就没有显示出任何类似的效果。新生儿甚至在长到 4 个月大后都不能识别父亲的声音。

由此我们也可以得出一个结论，声音是婴儿辨认出妈妈的另外一项重要依据。

宝宝们对声音的敏感同样表现在刚出生就能区分出母语和外语。如果没听见声音，你能分辨出对方跟你讲的是母语还是外语吗？也许现在的你是做不到的，但当你 6 个月大的时候却可以办得到。宝宝对语言的音素极为敏感，生来就有分辨音素的能力，可区分母语和外语的不同。

这种不同表现，体现在他们对母语的偏爱上。在一次实验中，姆恩、科波和费勒比较了刚出生 1 天的婴儿对母语和另一种语言的偏爱程度。婴儿母亲的母语都是西班牙语或英语，实验者对他们使用了"非营养性吮吸"技术，让他们听几段由一位西班牙妇女和一位英国妇女朗读的课文录音。结果发现，婴儿会通过改变对奶嘴的吮吸方式，使机器用更长时间播放更多的母语录音内容。这个实验表明，刚出生几小时的婴儿就已经能识别自己的母语了。

研究还发现，6 个月的宝宝光凭天生的读唇能力，就能准确地把说话者的发音嘴形和实际声音做配对：当听到"啊"声，宝宝会看着张大嘴巴的那张脸；听到"咿"声，则转头看着嘴角拉成一条线的脸孔。不过，当婴儿 9 个月大时，大脑语言功能开始专精化，对母语的敏感度渐增，全面的音素敏锐度也就逐渐丧失。

产生上述现象的最大可能性是，婴儿虽然和成人有着同样的大脑构造，但是他们受到的外界干扰更小，因此在某方面表现出来的能力也就更加突出。如记忆能力、观察能力以及敏锐的触觉和情绪感受能力等。

新生儿常常拥有令成年人惊讶的敏锐的触觉，他们甚至可以用嘴巴去辨别物体的形状，并且表现出特别的偏好。嘴巴是婴儿最灵敏的触觉感官。由于婴儿控制手部动作的神经回路尚未发达，早期学习多是通过嘴巴的触觉经验，展开对周遭事物的探察。在著名的奶嘴实验中，研究人员曾经让1个月大的宝宝吸吮两种安抚奶嘴，一种表面光滑，一种表面有小颗粒，宝宝看不到奶嘴形状，只能凭嘴巴去感觉。之后，研究人员拿出两种奶嘴供宝宝分辨，婴儿会对刚吸吮过的那款奶嘴看得比较久。显然，宝宝可借由奶嘴在口中的触觉感受，判断出物体的外形。

新生儿从一出生就具备了较强的情绪感受能力和同理能力。纽约大学心理学教授马丁·霍夫曼曾经做过一个实验，当婴儿听到别的宝宝哭泣的录音声，就会跟着哭起来；相反，如果播放的是自己的哭泣声时，婴儿多半不会有所反应。此外，7个月大的婴儿，就能够判断出人类声音中的情绪起伏，能够感知他人快乐或悲伤的情绪，也易受到他人情绪的感染。最常见的例子就是，当你面对一个小婴儿时，如果你的表情是悲伤的，婴儿可能马上也会撇嘴，甚至哇哇大哭；但是如果你一直在对他笑，他可能也会笑。同样，面对烦躁或者忧伤的父母时，婴儿也会表现出情绪不稳定，导致大人越来越烦。有趣的是，当婴儿有了一定的动手能力时，他们还会主动运用同理心去解决问题，如主动伸出手去给伤心的妈妈擦眼泪，或者安慰身旁不高兴的同伴，等等。

尽管婴儿从一出生就具备了如此强大的大脑，但是这些能力也会在他们成长的过程中逐渐得到增强或者是退化。婴儿外在能力的显现与内心心理的发育是分不开的，只有更加注重婴儿的心理发展，才能让他们的"最强大脑"一直强大下去。

第五节　哭的多重含义

在宝宝刚出生的第一年里，你是否记录过宝宝的每一次哭声？他们每次哭喊背后的含义你都了解吗？宝宝们的哭喊除了表达自己的生理需求外，同时也是与成人进行互动和试探。新生儿在哭喊中长大，并且出色地完成了对外面世界的第一次探索。

如果把新生儿的每一次哭声都精确记录和计算的话，他们每天大约要哭 3 个小时。吃惊吗？你是否想过你的宝贝会哭这么久？他们当然不是一次就把哭的时间全部用完。尽管在成人的世界里，小宝宝们的哭确实太频繁了，但是对于他们来说，哭是在诉说同一件事情。这些别人可以听不懂，但是作为妈妈，很有必要耐心地学习一下。

哭声的第一个含义是"我饿了，快开饭吧"。每一个妈妈大概都会有这样的感受，新生婴儿实在是太能吃了，几乎每过 1 个小时就需要喂一次。这其实很正常，毕竟婴儿的胃容量还是很有限的。大部分健康的新生儿在出生的头三周内，哭都是因为饥饿，妈妈们普遍做得很好，大部分的新妈妈在听到宝贝的哭声后，第一反应是赶紧喂奶。只要含上乳头或奶嘴，宝宝就能马上安静下来，露出一副急不可待的样子，而且在吃奶的间隙还会发出满足的嘤咛声。

这类哭声的典型声效是音调低，有节奏，并且有一定的规律可循：一般是先短促地哭一声，然后再停顿，再短哭，再停顿，听起来就像是喊"饿、饿"一样，哭声在妈妈抱起来喂奶的一瞬间就会停止。另外一种情形也可以判断出新生儿是因为饥饿而哭，他们在哭的同时，会小嘴微张并向四周寻觅，一旦有人靠近，马上就往怀里扎"直奔主题"。对于新生婴儿来说，最重要的事情就是吃，这是他们最基本的满足感。

哭声的第二个含义是"我累了，要睡觉"。累了要睡觉不仅是成年人的需求，对于小宝宝来讲也是如此。累了就睡是婴儿大多数时间的本能反应，并不需要太多的安抚。劳累（对于婴儿来说，他们是很容易累的）的宝宝会打哈欠，会用手揉眼睛，这些都是在给妈妈们暗示和提醒。在这种情况下，只有极少数磨人的宝宝需要妈妈们去哄，大多数的孩子都能够很快地睡着。在生活中，经常有人抱怨孩子睡觉前闹人，其实不是孩子闹人，而是大人们没有弄清楚他们此时的需求，总是一厢情愿地哄他、逗他、抱他。可能有人会问，抱着不也能睡吗？除了个别缺乏安全感的孩子外，大部分的宝宝在累的时候，更愿意躺在舒舒服服的床上睡觉，这样才可以让他们舒展和自由。面对此时"不识时务"的妈妈或者其他大人们，宝贝也只能用"大发雷霆"哭闹来反抗了。明明要睡觉了却不能睡，换作是你，脾气能好得起来吗？

宝宝们疲劳时的哭声是很具有迷惑性的，发出的哭声一般都很强烈，而且有些颤抖和跳跃，这是由于疲惫导致身体不舒服。有些时候是因为外界环境的嘈杂，让宝宝心情烦躁。最好的做法就是让周围的环境安静下来，将宝宝放到小床上，轻轻地拍拍他，让他尽快入睡。宝宝一般越是疲惫，身体的不适感就越强，就越不容易安静下来，哭声也会越强烈。所以，照顾宝宝的时候一定要细心观察。

哭声的第三个含义是宝宝因为环境导致身体不适而引起的抗议，如"该换尿布了""太热（冷）了""环境太嘈杂了"等。新生儿在初到世界上的几个月内对环境很敏感，因为已经习惯了妈妈子宫里的舒适生活。所以当任何环境引起身体不舒服时，宝宝都会用哭声来表达抗议。婴儿在需要换尿布的时候会哭，不同的婴儿对脏尿布的忍耐程度也是有差异的，有些宝宝在感受到尿布湿的第一时间就会哭起来，呼唤妈妈来做"场地清洁服务"，但是有些宝宝却不以为然，除非小屁屁红了、痒了等才提出抗议。最好的解决办法就是，只需打开看看就可以明了。

新生儿对外界温度的变化反应也很敏感，他们大多喜欢身体暖暖的感觉，就像在妈妈肚子里那样舒服。和成年人不一样的是，婴儿们对热的抱怨不会那么直接，所以不能给他们穿过多的衣服，出汗会让他们感到不舒服。用正常体温的手去摸摸宝宝的耳朵、脖子和鼻子等露在外面的部位，可以判断宝宝的衣被是否合适。如果脖子和耳朵后面有汗，表明他们太热了；如果这些地方很凉，可能还不够温暖，需要添加衣被。新生儿通常需要比成人多穿一层衣服，如果在换尿布或者脱衣服准备洗澡时，他们可能突然大哭，因为他们不喜欢被晾在外面，所以对于父母来说，需要学习更熟练地换尿布和穿脱衣服，以减少他们暴露在外面的时间。

当你带着宝贝在外面时，如果孩子哭了，并且哭声里带有烦躁不安的情绪，这也许是周围的环境对宝宝造成的刺激过于强烈了。比如灯光过于炫目，声音很嘈杂，移动的速度太快，或者是你晃动宝宝的幅度太大，都会给他们造成不安。这时候需要换一个环境或者把屋里的灯光调暗，减小手臂的摆动幅度，可以先试着让他躺在床上发泄一会儿，再看看能否把他哄睡着。对于比较敏感的宝宝，可以尝试建立日常作息时间表，每天喂奶、洗澡、散步、睡觉的时间尽可能地固定下来，这样会让他们更安心。

哭声的第四个含义是"抱抱我"。对于稍大一些的宝宝，只要哭，妈妈们一般会本能地将他们抱进怀里，这也是为什么宝宝会用哭来表达"抱抱我"的原因。用哭来提要求是"磨人"的宝宝们惯用的手段，他们的哭声就像装了开关的音响一样，只要被抱起来马上就停止。毕竟在妈妈子宫里待了长达 9 个多月，宝宝已经习惯了在温暖狭小的空间里生活。外面的世界固然很精彩，但是他们毕竟还不是很熟悉，所以依然还是很想念妈妈的怀抱。作为这类孩子的妈妈可能会比其他妈妈累一些，但是换个角度想想，这也是和宝宝亲近的一种方式，何乐而不为呢？尤其是对于 3 个月以内的宝宝，丝毫不用担心这样做会宠坏他，因为他只不过是喜欢听到妈妈的声音，听到熟悉的心跳声，闻到妈妈的味道，这太正常了。

不过凡事都有例外，对于一些比较缠人的宝宝，他们的需求也不断地发生变化。也许上次哭是想让你抱，这次却是想让你放下来，很多婴儿哭是因为想要改变现状。这个时候你可以尝试抱起或放下他，再观察他是否能安静下来，如果不哭了，那就说明你做对了。

哭声的第五个含义是"我很无聊，快来陪我玩会儿吧"。婴儿们由于气质的差异，在与人交往的意愿方面也表现出很大的不同。有些婴儿可以很长时间独自一个人躺在小床上不哭不闹，但也有些婴儿却几乎片刻也离不开人，这是因为"黏人"的宝宝有着更强烈的与人交往的愿望，他们对环境的适应也会很快。实验发现，即使只有 6 周大的婴儿，竟然也有无聊的时候，他们会用低声的啜泣告诉你：需要有人陪他玩，需要换个环境。这时候给他们唱首歌或者是换一种玩具，或是只需换一个躺着的地方，他们就变得很高兴，因为不同的"风景"会引起他们新的兴趣。

哭声的第六个含义是"我的身体很不舒服"。1 岁以下的宝宝由于消化和免疫系统都还没有完全形成，因此有时候会生病。生病时，宝宝的哭泣是虚弱的，与平时的大哭不同，他们只是呜咽。同时还表现出一定程度的无精打采、食欲不振，或者伴随呕吐、腹泻、发烧等症状，这个时候需要及时带宝宝去看医生。有些孩子还会因为不舒服而发生哭闹，如肚子疼，或者得了疝气，这种情况下的哭闹时间一般会比较长，并且不容易安慰，这就需要妈妈们付出比平时更多的耐心和努力。

值得注意的是，由于外界伤害引起的疼痛而导致的哭声与生病时是大不一样的。一般情况下，如果宝宝因为突然受伤或者是不舒服而哭闹，哭声都是很剧烈的，同时也比较尖锐。这个时候大人们要马上检查原因，看看是不是有床栏卡住了孩子的腿或脚，是否有头发或线头缠住了他的脚趾使血液流通不畅，或者灰尘进了眼睛，等等。在确认没有问题后，再适当地安慰宝宝，让他们的情绪得到缓解。

在了解了宝宝们为什么哭后，除了满足他们的需求，还需要做些什么呢？可以把他们包起来抱住——新生儿喜欢温暖和安全的感觉，就像在妈妈子宫中一样；也可以给他们听有节奏的声音——新生儿对心跳的声音很熟悉，这也是他们为什么喜欢被抱着的原因；还可以带着他们在屋子里转一下，或者放在摇篮里轻轻摇动——让他们的身体放松，转移注意力；如果是因为身体不舒服而哭泣，可以轻轻地揉揉他们的肚子。轻轻按摩婴儿的后背或腹部，是许多妈妈最经常做的安抚宝宝的方式，这对那些因患疝气而肚子胀痛的婴儿也是比较有效的。

最后，父母还需要照顾好自己。宝宝已经因为某些情况很烦躁了，这个时候父母们能做的就是帮忙缓解，而不是让坏情绪传染他们。所以面对哭泣的宝宝，自己的心态也很重要。

第六节　小宝宝也会有心事吗

　　夜深了，小宝宝已经进入梦乡，看着他们熟睡的脸庞上流露出甜甜的笑容，每一个妈妈都会在心底涌现出感动与怜爱。但是宝宝们并不永远无忧无虑，在醒着的时候，他们也会有自己的心事。

　　传统的看法认为，从刚出生到 1 岁的小宝宝是没有自己的情感的，他们的反应大多都是一种本能反射。不过这种看法已经过时，因为越来越多的研究证明宝宝们在吃饱喝足睡够之后，是可以对周围的环境做出反应的，他们大脑里控制感情的部分要比单纯随意的反应复杂多了。许多人都有过这样的经验，当你对着一个婴儿笑的时候，他也会不自觉地对你笑，但是当你对他做鬼脸或者是表现出愤怒时，他可能会被吓哭。这是因为小宝宝出生时，他们大脑中用以识别和表达感情的部分已经建立了一半，并且已经学会通过大脑的判断来识别他人的面部表情。婴儿日益长大，感情也会逐渐变得复杂，并用更复杂的方式把这种感情表现出来。

　　对于半岁以下的小宝宝来说，称他们是快乐的小天使一点也不过分，这大概是婴儿期最没有烦恼的一个阶段了。外面的一切对他们来说都很新奇，反应也最为真实自然。比如房间的光线是否合适，周围的声音是否嘈杂，他们都会用反应来告诉你，喜欢就会看，不喜欢就会烦躁或哭闹；如果喜欢安静地待在妈妈的怀抱里，他们就会紧紧地贴着你，如果不喜欢，会想尽各种方法挣脱你。他们这些行为与内心的意识有关，而与外界的环境无关。当你抱起一个宝宝，他的手很自然地搭在你的怀抱中时，表明此时他很放松，也非常愿意和你接触，这是婴儿表达爱的一种最原始的方式。

　　婴儿有意识的微笑大概发生在 4 ~ 8 个月之间，这种动作和之前无意识的肌肉动作是完全不同的，这时他们的微笑已经有了针对性。比如一个正在咿咿呀呀的宝宝看到妈妈正向自己走来，他会冲着妈妈微笑。有研究表明，即使是失明的宝宝，当他听到熟悉的声音或者感受到熟悉的爱抚时，就会露出甜甜的微笑，这和成人对于感情的表达是非常相似的。

　　婴儿对于感情的每一种表达，如果能够及时得到外界的回应，将会增强他们的自信，促进情感和智力的发育。对于初次做父母的人来说，及时回应宝宝的微笑，不仅能够感受生命的神奇，同时也可以和宝宝的情感贴得更近。对于还不能很好地适应父母角色的人来说，婴儿的微笑也是一种无声的鼓励，似乎在告诉爸爸妈妈："你们做得很好，我很开心。"所以给宝宝最好的回报就是及时报以轻松的微笑，让他们知道父母对他们的表现感到很惊喜和开心。这也让宝宝的心理得到了两个方面的锻炼：第一，表达自己的感情；第二，知道自己的行为会引起他人的反应，这远比他自己的感觉更重要。

　　慢慢地，宝宝与人的交流也开始越来越多。除了微笑，宝宝在特别开心时也会咯咯地笑出声，并且手舞足蹈、兴高采烈，甚至等着你逗他。有实验表明，当一个 5 个月的小宝宝躺在床上时，妈妈走近但藏在宝宝的床后，即使看不到妈妈，可宝宝还是会兴奋地扭来扭去，等着妈妈和他藏猫猫。这个时期的宝宝已经有了和他人做游戏的心理，并且在与他人的互动中表达自己的感情和愿望，是他们内心纯粹感情的自我流露。

　　宝宝逐渐发展的语言能力也是他们表达感情的另外一种方式。在婴儿 3 个月大左右时，他们开始尝试着用咿咿呀呀的语言来表达自己的想法，而且特别喜欢听到他人说话的声音，因为他们在不断地模仿和学习。当一个宝宝在咿咿呀呀地和你交流时，其实就是在与你"说话"，如果你恰巧能够"听懂"他的话，他就会很高兴，也很有成就感，并与你持续"对话"；如果你不幸猜错了宝宝"说的话"，他会很生气，会有一种"挫败感"，就像你急于告诉他人一件事情，而他一直不理解会让你感到急躁。对于婴儿来说，这毕竟是第一次尝试，别人的回应对他们来说很重要。所以无论是猜对了还是猜错了宝宝话语的意思，都比没有回应结果要好。回应，至少证明你有"听"的意识，这本身对于宝宝来说是一种很积极的体验，也有助于宝宝将来语言的发展。

宝宝们当然也会有其他情绪，比如气愤，这种消极情绪在婴儿出生不久后就产生了。比如当一个四五个月大的宝宝在玩摇铃时，妈妈可能觉得玩的时间太长了，就想给他换一个，便直接把玩具拿走了。这时候宝宝的肚子可能会发出"咕咕"的声音，你可千万不要以为是宝宝饿了，这正是他气愤的表现——这个时候宝宝可能正在憋气，有些反应强烈的宝宝过一会儿还会发出大声的哭喊。这是因为妈妈的行为让宝宝有失落和挫败感，因此婴儿有时候会把手中的玩具抓得很紧，这是因为他们有了保护自己玩具的意识。面对抢夺玩具的人，下意识就是抓紧，不让人拿，这也是宝宝自我控制的开始。

对于 6 ～ 12 个月的宝宝，他们的心事可能会变得更加复杂，因为对于外界已经有了一定的生活经验，内心就会留下更多的情绪轨迹，这会直接影响到他们对于同类事件的表达和表现。一般说来，这个时期的宝宝主要存在两种感受，一种是害怕，一种是依恋。

你还记得第一次带宝宝去游乐园玩耍时的情景吗？那里面有很多卡通人偶，由于外在的相貌与宝宝们通常所看到的人有所不同——即使是宝宝之前在书上看到过同样的卡通人物，他们也不会希望现实中存在。对于1岁以下的宝宝，他们还不能很好地区分现实和虚幻，他们通常会很担忧，甚至害怕会有什么不好的事情在自己身上发生。所以他们会更加紧紧地抱住妈妈的手臂，但是眼睛却不离开卡通人物，因为要确定他们是否会对自己造成伤害，而且希望妈妈可以保护自己的安全。等到卡通人物离开，我们会感到孩子长长地出了一口气，可能心想终于没事了。同样的情形在宝宝见到生人时也会发生，这是一种很正常的反应。毕竟随着年龄的增长，他们对世界的认知和理解也更复杂，会害怕自己的生活秩序被打破。

在半岁到1岁之间，宝宝们基本上已经知道了谁是他们生活中最重要的人。可以是妈妈，也可以是奶奶等日常陪伴他最多、最能够给他安全感的人。即使宝宝们已经有了一定的独立活动的意愿，但是他们也会对身边重要的人产生一种强烈的依恋。这种依恋和对分离的焦虑是相对的，依恋越深，就会对分离越焦虑。比如当宝宝喜欢的人暂时离开时，他们就会变得不安，会哭闹不止，这是因为他们也不确定喜欢的人还会不会回来。这种现象表明宝宝的大脑已经有了进一步的发展，开始学会计算预期损失。

此时，一种新的分离焦虑的情绪出现了。当宝宝喜欢的人离开时，他会表现山强烈的不安，不知道喜欢的人还会不会回来。所以，在妈妈换衣服或爸爸拿起钥匙要出门时，宝宝就开始变得极度不安，甚至声嘶力竭地哭闹，这种普遍的分离焦虑现象说明：宝宝的大脑已经发展到可以预期损失。

半岁以上的宝宝就已经有了分享喜悦情感的需求。当他看到一只可爱的小狗狗时，他会拉着喜欢的人让他们看，或者对某种环境特别偏爱时，也会将喜欢的人拉到那里。宝宝们对自己喜欢的事物总是有着与众不同的感受力，在快到1岁时，他们甚至可以喊出喜欢的人或事物的名字，如"妈妈""狗狗"。这些词语的产生，对于宝宝有着重要的意义，这表明他们已经学会用语言来表达自己的情感需求了。

小宝宝们的心事，这回你能看懂了吗？

第七节　秩序和规律对于新生儿的意义

让我们一起进入一个场景：一位妈妈每天下午 4 点钟的时候，都会带着她 12 个月大的宝宝到小区的花园里散步。3 天以后，不用看时间，一到这个时候宝宝就会要求出门，甚至会自己往外走，这就是宝宝的秩序感和对生活的规律。

许多妈妈在孩子成长的过程中都会抱怨孩子的偏执，比如必须盖自己的被子，每天回家的路线不能改变，第一次看到小熊是在哪里以后就必须在哪里，等等。有些妈妈甚至会觉得这是孩子的任性行为，其实这些都是孩子幼小心灵中的"秩序感"在发生作用。

许多研究证明，秩序感是我们对周围事物形态所体现出的均衡、比例、对称、节奏等因素产生的一种愉快、兴奋、舒服的感觉。其中还包括时间的秩序，也就是生活规律。对于宝宝来说，一个有秩序的环境不仅可以帮助他认识事物、熟悉环境，还可以增强其安全感。同样，秩序的变化也会引起宝宝情绪波动。

普遍被大家所认同的秩序敏感期是在幼儿 2～3 岁时，但是更多的研究发现，婴儿从出生后就会对秩序和规则产生要求和感受，熟悉的环境、整洁的房间、固定的看护人等，都是宝宝对秩序和规则的一种感受。对于 1 岁前的宝宝来说，他们的秩序感更多地体现在对日常琐碎事情的安排上，如睡觉、饮食、游戏等，有序的生活安排和环境会让宝宝产生安全感，孩子可以通过有秩序的环境来和自己的内部秩序配对。外在的有序可以使孩子形成内在的秩序——

即知觉归类，他们会将所有看到的归为一类，听到的归为一类，摸到的归为一类，闻到的归为一类，尝到的归为一类。当发展了所有的感官后，就会从对感觉的认识上升到对知觉的认识，这样就形成了智能。这时孩子对外部世界便有了自己的认识，这种认识不仅满足了孩子对外在世界的求知欲，同时也会使他们的情绪更加稳定——安全感建立得越多，情绪就越稳定。

一般情况下，秩序感被打乱的宝宝，不仅情绪上容易变得不安和易发脾气，还会影响到宝宝以后对"规则意识"的学习。再者，由于秩序感的缺失，引发的缺乏安全感和不确定感也容易引起宝宝的情绪障碍。

或许有人会产生这样的疑惑：给年龄这么小的宝宝建立秩序感，讲规则，他们会不会被条条框框所束缚，从而扼杀宝宝的创造力呢？有必要在此澄清的是，这里所讲的"秩序感"并非要求父母严格地控制宝宝的生活作息和日常行为，更不是刻板地要求宝宝遵循某种行为规则，而是鼓励宝宝对有秩序感的生活产生愉快的期待，使他们的生活习惯和行为方式慢慢适应和符合年龄的秩序，从而使之更容易融入社会环境。

宝宝秩序感的形成和发展，大多数时候是需要父母引导的。比如在帮助幼儿建立睡眠秩序时，可以在婴儿刚出生的 1 ~ 6 个月时，每天在宝宝晚上睡觉时关掉所有的灯，只开夜灯，并且保持适当的安静，亲亲宝宝说"该关灯睡觉了，宝宝晚安"，也可以适当给宝宝做一些助眠按摩；而在白天，宝宝睡觉时可采取另外一种方式，如打开部分窗帘，让宝宝感受白天的光线，当宝宝睡醒的时候也可以引导宝宝观察外面的景物，如"今天天气真好，太阳公公还在和宝宝打招呼呢"。坚持一段时间，宝宝就可以发现白天和晚上是不一样的，晚上更适合睡觉，这样宝宝也会逐渐调整自己的生物钟，并且不会在白天睡觉时，对环境是否安静有着过度的要求。

对于大一些的且有动手能力的宝宝来说，可以尝试和他们一起进行一些睡前活动，如睡觉前和宝宝一起把玩具收起来，让宝宝看着你替他铺床，和宝宝一起关灯，等等。这些睡前信号的发出，也是为了暗示宝宝该睡觉了，这时候宝宝应该控制兴奋感，逐渐产生睡意。

由于宝宝在出生时身体本身就已经具有了一定的规律性，如生物钟，因此对于宝宝秩序感的建立并不是很困难。除了有意识地引导外，还可以通过提供有秩序的环境来帮助宝宝。如整洁舒适的家居布置、宝宝玩耍的房间里的木质地板与柔软靠垫，这些都会让宝宝心情愉悦并感觉安全。家人也是家庭环境的延伸，爸爸妈妈日常的行为也有助于宝宝建立秩序感，如父母经常打扫清洁房间，整理物品，这种"身教"比嘴巴上的"言传"效果更好。在引导宝宝建立秩序感的时候，父母还要注意区分"秩序的美感"与"刻板的规则"，比如在家庭布置中，宝宝将方形的沙发靠垫整齐地摆放在方形的沙发上，爸爸妈妈一方面要赞许宝宝的行动，另一方面可以和宝宝一起尝试把方形和圆形交替放在沙发上以求美观。在宝宝秩序感的发展过程中，鼓励宝宝的创造性与建立宝宝的秩序感同样重要。

了解了秩序感对于宝宝的意义后，规律性就变得更加容易。从某种意义上来说，日常生活中所形成的规律也是秩序的一种。对大多数人来说，生活是由一系列程序——即我们每天都要遵守的例行习惯和规律所组成的。对于婴幼儿来说同样如此。尽管我们一直致力于帮助他们形成这样的程序，但未必知道规律对于他们的意义，尤其是对不满1周岁的婴儿。

规律对于婴幼儿的第一个意义在于，它是情绪的一种有效控制机制。无论是吃点心、打盹、玩还是亲人回家，知道下一步将会发生什么，会给婴幼儿带来身体和情绪的稳定。这种稳定性和一贯性会使他们感到安全——相信爱护他们的大人一定会满足他们的需要。

当他们能够感到这种信任和安全感时，就可以自由地做自己想做的事情了，如一边玩耍，一边探索和学习。

规律的第二个意义在于，它可以有效地减少冲突的发生。稳定的规律能让婴幼儿对下一步发生的事情进行预测并且了解日常生活中每一种情况下的正确行为。这不仅会给孩子带来自信，还会带来一种控制的感觉。对于父母来说，给孩子建立一种规律性，就可以减少每天拒绝孩子以及纠正其行为的次数，这样也可以避免大人和孩子之间发生冲突。

规律的第三个重要的意义在于，规律和例行习惯为宝宝们的学习打下了基础。规律在维护孩子日常行为习惯的同时，也为其成长和学习提供了很多的机会。以洗澡为例，一般婴儿在洗过几次澡之后，就会形成自己的固定模式，比如暖和的房间、大大的澡盆，还有澡盆里有许多小玩具：小船、鸭子、泡泡等——这些最初都是为了吸引宝宝的兴趣。在最初洗澡时，妈妈会进行一系列的演示，这些是为了让宝宝觉得洗澡是一件有趣的事情，一旦习惯和规律形成，宝宝每次都会重复这些行为，比如观察自己身体的各个部位，用杯子盛满水再倒进盆里，洗完澡后把身体擦干，包裹在暖和的毛巾里，再闻闻自己：真香！这样简单的一个洗澡过程，可以让宝宝练习社交技巧——和小玩具们玩耍，按次序交谈——先玩什么，再玩什么，了解因果效应——因为洗了澡，所以很香等，还有一些其他概念，比如什么是空，什么是满，这些都可以培养孩子的自尊心，增强孩子的自信心，让他们觉得自己很棒。此外，规律的重复性也为孩子们的学习提供了必要的练习和验证的条件。

为人父母真的不是一件简单的事情，与其日后抱怨孩子没有好习惯，不如在他们对秩序和规律产生兴趣的第一时间来引导他。珍惜与孩子相处的每一个平常时刻，我们会发现每一天都是有趣并富有意义的。

第八节　宝宝为什么不让你抱

你是否遭遇过这样的尴尬：去朋友家里做客，本想抱抱他家可爱的小宝宝，谁知道刚准备伸手，宝宝就"哇"的一声大哭起来，弄得你非常不好意思。尽管朋友嘴上说"没事，没事，小孩儿可能有点认生"，但你还是觉得非常尴尬。

如果这种场景是偶然的，倒还没有什么，但是如果经常发生，就太尴尬了。悠悠的舅妈最近就很苦恼，她很喜欢外甥悠悠，每次悠悠来家里做客，和别人都玩得很开心，让逗也让抱，但是一到舅妈这里脸色就变了，好一点的时候就是脸变得很严肃，不好的时候直接就"哇哇"大哭，从几个月到现在一直都是。说他"认生"吧，但和其他人玩一会儿就熟悉了，如果不是"认生"，为什么偏偏就不让自己抱呢？自己明明也是很喜欢他的呀，并没有对他不好啊。

像悠悠的舅妈一样有困惑的人可能还不是少数。宝宝为什么不让你抱？当然不能排除婴儿"认生"的可能，几乎每个宝宝在一段时期都会经历所谓的"认生期"，德国的教育学专家克里斯蒂安博士曾经说过："宝宝的认生期随着他的成长而自然产生，很可能在一夜之间，认生期就到来。"

宝宝认生是情感发展的第一个重要的里程碑。宝宝可能会变得很黏人，但只要碰到新面孔（哪怕是熟悉的人），就会感到焦虑不安，如果有陌生人突然接近他，宝宝可能还会哭起来。所以，妈妈如果碰到这样的情况，不用感到奇怪，这是宝宝正常的表现。

婴儿在 4 个月之前，一般是不会认生的。因为这个时候他对周围的一些新鲜事物都比较好奇，包括不熟悉的人。对任何人的引逗，都会报以喜悦与微笑，但也有例外，当宝宝的身体不舒服或者是想要睡觉时，相较于宝宝的好奇心，他们更需要熟悉的人或者环境带来的安全感——这也是人类的本能。

宝宝在 4 ～ 5 个月时，对陌生人会出现"警惕的注意"现象。他们会来回地注视，比较陌生人与熟人（主要是妈妈）的面孔，对陌生人的脸注视的时间会更长些。待到 5 ～ 7 个月时，宝宝就已经可以辨别出陌生人，并且会在陌生人面前表现出明显的严肃、紧张的神态。7 个月以后，宝宝会对陌生人表现出哭闹、回避等比较强烈的情绪反应，这也是宝宝的"认生"高峰期。随着宝宝逐渐长大，"认生"的表现就会逐渐减弱。

由于每一个宝宝都具有个体差异性，再加上生长环境和养育环境的不同，宝宝们表现出的"认生"阶段和程度也是不同的。一般情况下，在成长过程中存在以下情形的宝宝们会比较"认生"。一种是抚育人比较单一，比如经常由妈妈或奶奶或外婆等一个人带着。因为宝宝每天几乎只跟一个人打交道，很容易对其他人产生排斥心理，以至于有时爸爸抱几分钟，宝宝就会哭。第二种是妈妈是个"宅女"，经常喜欢带着宝宝窝在家里。由于妈妈不经常带出去接触其他人，宝宝就失去了和其他人接触的机会，生活圈就会狭小起来，很容易一见到陌生人就产生害怕的心理。这也就是我们通常所说的"见识少"。第三种是因为某些人比较"奇怪"，与宝宝正常接触的人不一样，这样容易引起他们害怕的心理。比如对一些戴眼镜或戴帽子的陌生人，宝宝看到他们就会哭，更不会让他们抱，这可能是因为宝宝在家里没有看到过这样的人。

宝宝过于认生，虽然从某种程度上讲，可以更好地保护宝宝的生存安全，但是认生也会阻碍宝宝与外界的人际沟通，尤其是社交认知等方面的心理发育，这对宝宝以后的成长会很不利。因此，我们可以采取一些有效的方式来帮助宝宝顺利度过"认生期"。

第一，多带宝宝出去走走。在宝宝3～4个月以前还不懂得认生的时候，妈妈可以有意识地带宝宝走出家门，以帮助宝宝尽早适应可能接触到的各种社会环境。经常带宝宝去社区广场、花园绿地等人多、小朋友比较多的场合，让宝宝看看周围新鲜有趣的环境，感受不同人的声音和长相。但是在集体活动中，要避免众多陌生的面孔同时出现，或众多的陌生人七嘴八舌地一起与他打招呼或争抢着抱他、逗他等，这样会增加他害怕的心理。

第二，让宝宝多多接触陌生人。有些宝宝只喜欢让妈妈一个人抱，其他家庭成员一抱就哭，这就是因为平时接触的人实在太少了。对此，妈妈可以尝试着让其他家庭成员多抱抱宝宝，在他们抱的时候，妈妈可以暂时离开一会儿。让宝宝慢慢熟悉除爸爸妈妈之外的陌生人。可以先从家里人开始，再是其他不熟悉的人，比如爸爸妈妈的同事、朋友、邻居等。

尽量让宝宝逐步接触一些不同的人群，包括戴眼镜、戴帽子等有点特征的人，慢慢地，宝宝就会适应他们，不再产生戒备心理。妈妈不妨在家里偶尔戴戴眼镜或帽子来让宝宝习惯这样的人群。

在宝宝与陌生人接触的时候，我们会发现宝宝也有自己的交往喜好，这时妈妈们应尊重他们的爱好，并且有意识地"迎合"他们的这种喜好。比如即使很认生，但是对于一些比较年轻的阿姨或者同龄的小宝宝，还是比较喜欢和他们一起玩，这是因为年轻的阿姨让他有种妈妈般的感觉，而从小宝宝身上可以看到自己的"影子"。所以当妈妈带他们出去玩耍时，可以跟那些阿姨或者小宝宝打招呼，跟他们一起玩。让宝宝知道除了家里人之外，其他人也都是和蔼可亲的，不用害怕、胆怯。

第三，在日常生活中给宝宝安全感。宝宝认生一般都与"害怕"有关，所以妈妈及周围接近宝宝的人都要给他一种安全感。妈妈以及家人平时都要保持态度温和、情绪稳定，不要忽冷忽热，尤其在宝宝哭时，更要有耐心，不能训斥宝宝。妈妈也要提醒亲朋好友，接近宝宝时动作要慢一点、温柔些。千万不能很突然地将宝宝交给"陌生人"抱，这样会加强他的戒备和紧张心理，让他没有安全感，以后更害怕接触陌生人。

除了"认生"，宝宝不让你抱还有可能是因为你在他的判断中是个"坏人"。有人可能会惊讶，不会吧，这么小的宝宝也会识人术？别不相信，英国《每日邮报》就曾经报道过，婴儿也会"以貌取人"，他们甚至会像成年人一样，通过观察人的脸部，判断出一个人的性格、能力，以及是否可信等，这种判断在不满1周岁的婴儿身上表现得更为突出和神奇。

为了验证这个结论的准确性，耶鲁大学的哈姆林和同事们专门进行了实验。他们挑选出一组6～10个月大的婴儿，并分别向他们演示一个拟人化的"木偶表演"，即用3个不同形状的木块扮演3个角色：试图登上一座山的"攀登者"、代表"好人"的"帮助者"以及代表"坏人"的"阻碍者"。"帮助者"协助"攀登者"爬上山，而"阻碍者"则将"攀登者"推下山。

随后，研究人员将代表"帮助者"和"阻碍者"的木块放在一起让两组婴儿挑选，在16名10个月大的宝宝中有14个更喜欢"帮助者"，12名6个月大的宝宝选择的全是"好人"。这表明婴儿们对"乐于助人"的"帮助者"更有好感。这显然不是大人们教给孩子的能力。哈姆林同时指出：决定与谁合作共事是人类和其他社会性动物的一个重要能力，这个能力极有可能是"与生俱来"的。

除了实验研究，在日常生活中也会发现，许多婴儿都更愿意相信长得好看的人，或者说长得像"好人"的人——他们也可能本能地认为，长得好看的人更可靠。在婴儿的眼中，妈妈都是最漂亮的，所以他们喜欢长得好看的人，也许是因为他们的某个特征像妈妈，这点和吸引力定律中的"相似性吸引律"道理很相近。关于婴儿对"好人"与"坏人"的判断，这大概是1周岁以下的婴儿虽然已经有了自己的思想，但是还不明白外面世界的复杂，所以用他们的赤诚之心来看，只有和他们一样在脸上也表现出"无欲无求"的人，才最能够让他们感觉到安全，才属于"好人"的范畴，这种惊人的感受力也只有婴儿能做到了。

每一个小婴儿都是一个天使，让我们也看到自己身上的不足。所以，面对宝宝的拒绝，我们也许是时候检视自己了。

第九节 探索世界的方式

随着小宝宝日渐长大，他们也开始用自己的方式来探索这个未知的世界。你的宝宝淘气吗？是否会做出一些出乎意料的事情呢？别急，这些都是宝宝在发展自己的探索能力。

大多数小宝宝成长到 8 个月时就会自己坐、爬，并试着站立，可能还会靠着墙壁或沙发边缘移动步子。这时他们的手脚已经比较协调，并且初步学会使用自己的手指，比如宝宝会用拇指和食指夹起一样小东西。千万不要小瞧了这个行为，正是这个小小的开始，成功地刺激了宝宝们尝试的勇气以及对周边事物的兴趣，当然，他们也可能会受到伤害。

宝宝们由于学会移动并且有了自己的判断，在心智和沟通方面都取得很大的进步，这些都激发了孩子探索整个世界的欲望。婴儿们的"世界观"也是这样一步步建立起来的。他们用自己的手、嘴巴和眼睛一点一点把自己融入周围的环境，收集所接触的每一个片段，慢慢组合成心中的大世界。

对宝宝帮助最大的首先是眼睛。眼睛看东西时，会帮助他们学到许多，比如明亮的颜色可以带来一种愉悦感，床头的摇铃可以发出悦耳的声音，等等。所以为了让宝宝更好地了解他所生活的环境，妈妈们也可以为宝宝专门创设一个视觉环境。如在婴儿床上吊一些可以动的玩具，当然要注意保持安全的距离；可在墙壁上挂幅颜色鲜明的图画，这些都会刺激宝宝视觉发展的能力。但为了不影响宝宝的睡眠，在卧室就不要贴太多这样的图片了。

宝宝的眼睛除了用来观察周围的世界，也在观察着妈妈对于自己各种行为和要求的反应。妈妈与婴儿的互动是宝宝探索世界——主要是他人的心理世界的另一种方式。对于妈妈来说，需要时刻了解宝宝的意向。在宝宝伤心的时候，抚慰他；在宝宝欢闹的时候，和他玩游戏；在宝宝需要与人交流的时候，给他回应；在宝宝淘气时，抱他起来，给他关注。这些都是宝宝和妈妈之间的亲子之乐，也是宝宝了解不同情感的最佳方式。

宝宝对于声音非常敏感，他知道哪些声音是母亲发出的，哪些不是，因而会对母亲的声音表示出与其他声音不同的反应。其实，早在出生1个月左右，有的宝宝就已经知道这些——宝宝此项能力发展得早和晚与他们自身的经验和天生的气质有关。对于小一点的宝宝来说，声音是他们分辨熟人和陌生人的一个重要依据。同时，他们也可以分辨不同的声音，知道爸爸和妈妈不是同一个人。

宝宝会对自己不喜欢的事情表示出抗议。两个月的宝宝不喜欢别人将他们当作玩具，一会儿抱起来一会儿放下去，也不喜欢一个人在屋子里待着，对于这些情况，他们会用哭声来表示抗议。不过这些抗议随着年龄的增长会逐渐减少，但是在1岁以内表现依然很明显。宝宝会对父母将自己交由他人发出抗议，同时也会对自己喜欢的人报以微笑。这是一种社交性的微笑，也是宝宝尝试社交性情感的开始。

无论是成年人还是婴儿，或多或少都会受到周围事物的影响。对周围事物进行不间断的尝试性探索，是我们学习的方式之一。正如妈妈会对宝宝报有期待一样——比如在喂奶时，会期待宝宝张开嘴，宝宝们也会通过一些行为来试探妈妈的反应，这一回应，是宝宝接受外来影响的一个重要因素，并且宝宝会倾向于朝妈妈期待的方向进行。当婴儿进行一定的尝试之后，就会知道怎样做才能让爸爸妈妈来陪自己，做什么样的事情会让妈妈生气或高兴。他们已经开始学着用自己的思维去解决问题，并且为成功解决问题而感到满足和高兴。

所以，对宝宝的"故意"试探行为做出回应是非常有必要的，尤其是针对宝宝的"淘气"行为。民间有一种说法：淘气的孩子更聪明。的确，淘气孩子的思维意识发展是比较早的，"淘气"在更多的时候是他们试探大人们态度的方式。这时妈妈们千万不能以宝宝小，什么都不懂为由，对宝宝的任何行为都不加斥责，这对于宝宝今后的规则意识以及社交能力都很有影响。妈妈们应该尽早让婴儿懂得他们做什么会让妈妈高兴，做什么会让妈妈不高兴。我们不用担心婴儿看不懂大人的脸色，其实对于母亲的感情变化，婴儿从 9 个月开始就可以感知到了。

有些时候，婴儿们淘气纯粹是为了试验自己的本领。婴儿在能自由活动手脚后，为了试验自己的本领，"什么都想做"的行为中难免有一些让大人感觉很淘气。比如有些婴儿会将正在吃的面包扔在地上，他也许只是想"尝试"面包扔在地上会有什么样的变化，并没有考虑到别人高兴与否。

那么，为了让婴儿明白有些行为是不可以做的，我们应该做出明确的感情表示。比如在婴儿第一次扔面包时，可以对他稍稍绷着脸说"这是吃的，不能扔到地上"，发现他第二次还想扔时，可先说"吃的东西是放在嘴里的"，以示制止。这样一来，婴儿就会觉察到这样做妈妈是不允许的。在婴儿停止了扔面包的行为时，妈妈可以及时给予一个鼓励，这样他们就可以从妈妈的态度上判断出自己行为的好坏了。如果妈妈没有制止的语言和动作，他们会觉得妈妈是不会对自己发脾气的，自己的行为也没有错，以后就会利用妈妈的宠爱为所欲为，即使后来妈妈开始斥责他们，他们也不会在意，或许还会把它当作一种表演。

由于探索精神是宝宝认识世界和主动学习的一种动力，对宝宝以后各方面的潜能发展都很重要，再加上婴儿期是宝宝探索能力发展最为重要的一个时期，因此父母本身的态度和提供的条件很重要。对此，建议父母从以下几点来关注和培养宝宝的探索精神：

一、关注宝宝的探索过程而不是结果。现在的父母都很重视对宝宝的早期教育，但很多父母把早期教育片面地理解为宝宝获得了多少知识，而不关注宝宝与生俱来的对环境的热情和能力。单方面强调宝宝对知识的接收程度，把宝宝当成了接受知识的容器，而对宝宝自发的探索精神和探索行为并不在意，甚至横加阻拦，这种做法是十分错误的，保护宝宝的探索精神比教给宝宝具体的知识更重要。

二、尊重宝宝在游戏中学习的认知方式。撕纸、扔东西、喷口水、吐泡泡等一些看似淘气的行为，都是宝宝的探索和学习的一种方式。爱因斯坦曾说过："想象力比知识更重要，严格地说，想象力是科学研究的实在因素。"因此，父母应该尊重宝宝的奇思妙想，尊重宝宝与众不同的学习方式。

三、为宝宝多提供富于变化的游戏材料。宝宝都喜欢玩水、玩沙、玩泥，因为它们富于变化，没有固定的形状，最符合宝宝的好奇心和探究欲。爱干净的妈妈不要因为怕这些材料弄脏宝宝，就不让他们玩，可以在确保卫生的前提下，让他们尽情地玩，通过这种玩耍，宝宝会获得意想不到的快乐和知识。

四、为宝宝的探索行为提供心理支持。不能要求宝宝按照父母的思维方式思考问题；给宝宝充分的时间独立探索，不要打断他；不要急着回答宝宝的问题，让他自己多想一会儿；为宝宝解决问题可提供充分的材料等。

如果你能为宝宝做到以上这些内容，你的孩子一定会成长得更加快乐。尊重孩子，就是尊重孩子眼中的世界，让他们用自己的方式去探索这个世界，去完善自己的认知。毕竟，每一个生命都是独立的，谁也代替不了谁。

◤编者后记▶

在每一个生命诞生的第一年里，做父母的都是感动而又忙碌的。我们既要一边适应为人父母的角色转化，又要一边学着怎么带孩子，有些时候，还要因为工作分出更多的精力。对于很多新手爸爸妈妈来说，这一年虽然是疲惫而又忙乱的，但是看着自己缔造出来的小生命，内心又会觉得感动和充实。然而，感动归感动，忙碌归忙碌，我们还是要尽快学着如何去适应，适应孩子每一天的变化，适应孩子的每一个成长周期和心理变化，因为孩子的成长是不会等待的，他们甚至都等不及我们成为合格的爸爸妈妈就已经长大了。在他们长大后，我们可以抱怨孩子不听话，也可以觉得孩子不懂事，但是我们是不是也该想到，在孩子的成长环境里，我们自身也有着不可推卸的责任——人的许多好习惯和情感的建立，都是在人出生的第一年里奠定的。不要用任何理由来解释为什么我们错过了孩子成长的第一个关键期。

Part 2

婴幼儿期（1～3岁）——我要自己来

当宝宝第一次尝试着用双腿站立时，他们惊讶地发现，原来自己还可以这样看世界，于是小心翼翼地迈出了人生的第一步，开始独立探索这个世界。随着视野的日渐扩大，宝宝的小脑袋也不像之前那么简单，他们开始学会说"不"，学会拒绝，有了掌控自己的愿望。"我要自己来"，不仅是1～3岁宝宝最基本的心理需求，也是他们人生另一个阶段的开始。

第一节　不走寻常路的宝宝

宝宝每个动作的发展对于他们而言都意义重大，尤其是走路。学习走路是宝宝 1 岁半以前身心发育的一项重要指标，大多数宝宝也是在这个时期学会独立行走的。

我们都知道，对于初到这个世界上的宝宝来说，任何事情都可以引起他们的兴趣，除了眼前的景物，也包括他们对自己身体的探索，或者更准确地说，这二者也可以结合起来。宝宝在探索自己身体的同时，会发现身体能力也在伴随视野的拓宽而扩展，并且发现许多之前不曾看到的东西。比如"抬头"，头抬起来后宝宝们的视野会从眼前扩展到更远的地方，为了探索到更远地方的东西，他们还会学着往前移动，从而学会了"爬"；当宝宝的四肢足够发达，腿部力量增加后，他们会尝试着站立，这样视野不仅变远，而且变得更宽阔，更令他们惊奇的是，原来腿和脚还有这么多的功能呢。

宝宝在学步期，大人们可能会觉得很累，因为宝宝的新发现让他们突然就爱上了"自己走"这一游戏。不管自己能不能走，也不管有什么危险——这个时期的宝宝由于很少受到伤害，所以还没有危险的概念。不管前面是上坡还是下坡，是楼梯还是平路，哪怕是个小水坑，他们也要跳进去尝试，但是最普通的平路可能却最不爱走。这些"不走寻常路"的宝宝们精力非常旺盛，初尝走路滋味的他们会一遍遍地走，特别是对于他们有吸引力的地方，如小桥、楼梯、上下坡等。这时最累的就是看护孩子的大人们，他们不仅要小心看护着，还要随时注意宝宝的安全。

　　"不走寻常路"还表现在宝宝要求走路的强烈愿望上。虽然行走敏感期在宝宝七八个月时就已经出现，但那时的宝宝一般还没有能力下地行走，所以比较听从大人们的劝告，也肯让抱着。但过了1岁之后，不管是已经学会走路的宝宝，还是尚没有能力走稳的宝宝，都会对"自己走"表现出很强的意愿。他们会甩开大人的手，即使甩开后自己可能会摔倒，不仅如此，他们还会对大人们的保护表现出反感，比如你想在后面护一下时，他们就会用哭来表示抗议。这时他们再也不是以前喜欢黏着妈妈要"抱抱"的小婴儿了，不管是不是适合学习走路的地方，他们都会想尝试一下。

　　对于这种情况，爸爸妈妈们一定不要有过多的担心。就像我们欣慰地看到宝宝掌握了学习的能力一样，也应该学会欣赏宝宝学习走路的过程，因为这是宝宝独立性的开始。他们自己也会学着独立做出许多有益的尝试，比如在七八个月的时候，会拉着大人尝试用脚慢慢移动，会喜欢父母拉着他们的双手跳跃，对于宝宝来说，这些都是学习走路前的一种尝试和准备。通过这样的锻炼，他们心里也会对自己做出一个大致的评价，知道自己什么时候可以独立走，在不能够自己走的时候，需要爸爸妈妈做出哪些帮助。对于宝宝们来说，初次行走唤醒了他们腿脚的功能，也唤醒了宝宝心里对腿脚的感受，这一个重要发现，他们会迫不及待、不厌其烦地一次一次尝试。并且他们还会发现，越是不平整的地方，自己的腿脚做出的反应越强烈，给予他们大脑的刺激也最多。因此，他们自然更乐意走些"不平常"的路——既然是探索世界，越不平常的地方带给宝宝的新奇感越多。

　　和常规意义上的"路"不同的一些其他地方，如楼梯、滑梯等也会引起宝宝们强烈的探索欲，这是因为1岁以后的孩子开始对空间有了一定的感知能力。不同于1岁以前宝宝们对空间"片"的感受，1

岁后的宝宝由于观察方式的不同，他们会发现空间是立体的，而且这里还有许多形状怪怪的东西，如斜坡，曲折的"路"——楼梯、滑梯等。这些都是宝宝们对空间探索的一种方式，他们会很乐意用自己刚刚发现的腿脚的新功能来进行尝试。

宝宝逐渐学会走路，另外一个"麻烦"的问题也随之产生。为了能够让宝宝在学步关键期内得到充分、良好的发展，大人们都在尽量地配合宝宝的节奏，少帮忙、少阻止，于是就会发现宝宝自己走到屋里的每个角落、床头柜，把东西一件件拿下来，丢得满地都是。如果宝宝能够到书架，甚至会把书也一本本拿下来，将房间弄得一团糟。许多妈妈这时都会一边跟在后面收拾，一边抱怨宝宝的无理行为，这绝对是一个让人既头疼又恼火的问题。但是不妨想想宝宝学习走路的最初动力是什么，不就是为了能够更容易地去拿、去丢自己想碰的东西吗？这其实都是因为宝宝的好奇心和探索精神所致。这个时候爸爸妈妈们千万不能抱怨孩子，这种抱怨会落在宝宝的眼里和心里，其自信心也容易受到打击。正确的做法是用语言来鼓励宝宝，保护孩子的好奇心。

学步期的孩子动作发展是否正常，直接关系着孩子的生理健康和日后的认知发展，严重者还会形成心理障碍，所以父母要对此有正确的认识，在必要的时候找好时机给予辅助，引导孩子心理和生理的健康成长。

宝宝学习走路是一个循序渐进的过程，中间可能还会遭遇曲折，但由于每一个婴幼儿的发育都具有个体差异性，因此并不能一概而论。一般婴儿动作的发展的基本顺序是：头、肩、胳膊、腰、腿、脚，大概七八个月的时候婴儿可以坐起来，一旦能坐起来便开始爬行。但也有的婴儿跳过爬行直接能扶着东西站起来，从发育过程看，爬行并不是站立行走的前一个阶段。大多数婴幼儿在 9 ~ 12 个月开始迈出人生的第一步，1 周岁后基本能单独行走。但也有些婴幼儿直到一岁三四个月才学会单独行走，这些都很正常。不过如果到1岁半时还不能单独行走，就需要带孩子去检查，以确定原因。

宝宝学会行走后，视野扩大也给宝宝提供了更多、更丰富的感官刺激，直接影响宝宝大脑的进一步发育。但是由于宝宝的身体平衡能力还没有完全发育好，还需要进一步的锻炼，所以一些磕磕碰碰在所难免。作为父母能做的就是一边学会放手，一边尽可能提供安全的练习环境。比如家庭作为孩子练习走路的一个主要场所，需要在所有有可能对宝宝造成伤害的地方都加以防护，像桌角等有尖角的地方、门扶手、窗户、电源插座等，这些能避免的尽量避免，给宝宝提供足够安全的练习空间，不可避免的可以通过加装一定的安全防护物，来尽量减少对宝宝造成的伤害。

好的装备也可以让宝宝心无旁骛地学习走路。在宝宝练习走路的时候，父母要注意给宝宝穿上合适的衣服，不要过大也不要过小，过大容易遮挡宝宝的视线，也可能会绊倒宝宝，过小则会给宝宝带来束缚感，影响舒适度；选择的鞋子要稍大一点，鞋底适当软一些，这样可以让宝宝充分感受地面；穿上合适的纸尿裤，避免因为一些意外情况，如大小便给宝宝带来尴尬，纸尿裤最好有裤裆设计，让宝宝感觉舒服、干爽，弹力要大，给宝宝足够的活动空间。

最后，还要给宝宝提供全面的营养，尤其是要多补充富含钙质和蛋白质的食物，还要多晒太阳促进骨骼的发育。只有身体健康，宝宝才更有活力。

俗话说："从哪里跌倒就在哪里爬起来！"这句话对于学步期的宝宝来讲同样适用。身为父母，我们不能因为害怕孩子跌倒，就去限制孩子的自由。孩子只有经历了"跌倒"之后，才能够感受到"爬起来"的意义，这又何尝不是另外一种探索呢。因此，让宝宝们自由地"不走寻常路"吧，快乐才是最重要的。

第二节 自己为自己代言

宝宝们在还未学会说话时，会经常遇到这样的情形：不管他们是否愿意，妈妈都会在客人要离开的时候挥动宝宝的小手臂说"××再见"。虽然他们可能心里也会想到送别，但是"有口不能说"，也只有让妈妈代劳了。但是1岁过后，这种情形会被彻底改变，他们开始学会"自己为自己代言"。

宝宝开口说话，不管是对于宝宝自己还是父母来说，都是一件值得高兴的事情。当宝宝开始咿呀学语，第一次含糊地发出"爸爸"或者"妈妈"的声音时，很多父母都会变得异常激动。当宝宝发出的声音被大人所理解时，他们也会产生一种成就感，这种成就感会促使他们在以后的时间里更加喜欢用声音来表达自己。但是也有一些父母会因为宝宝过了1岁却还没有像其他同龄宝宝一样开口说话，而心里着急，心生失望。他们甚至悲观地认为，难道自己的宝宝不聪明吗？

在孩子学习开口说话，表达自己的这段时期内，父母的态度至关重要，因此很有必要澄清一个问题：宝宝开口说话早晚与智力并没有直接的关系。从婴幼儿心理发展的特点来看，1岁以后的宝宝正处在语言发展的敏感期，宝宝具有吸收性心智，无论什么信息都会无意识地吸收并且表达或模仿出来，就像我们平时听到的咿咿呀呀，或者是呜里哇啦的含糊语句，这些都是他们在模仿自己听到的声音，也包括语言。在这种吸收力里，外界刺激起到的作用是最大的，它们可以帮助宝宝发展其语言表达能力。很多时候，宝宝在接受了这样那样的刺激之后，虽然嘴上没有表达出来，但是心里已经在暗自模仿。所以对于宝宝说话的早晚问题，父母与其担心，不如静下心来学习一下儿童语言发展的规律，耐心地引导孩子。

婴幼儿在3岁以前的语言发展，可以大致分为前语言期和语言期。前语言期指的是婴儿在出生到1岁之前，如果父母仔细回想或者记录的话，会发现这个时期的婴儿对声音是非常敏感的，表现在不同的哭声方面，或者在对声音的不同反应上。比如孩子饿时，妈妈说："哦，宝宝饿了！妈妈知道了，妈妈准备一下就来喂你。"第一次时，宝宝可能反应还不是很明确，但是每一次都说同样的话，孩子再次听到时，就会安静下来，学会等待。这就是宝宝最初对于语言的反应。慢慢地，孩子学会了用声音来回应，并且会在大人模仿自己声音时获得肯定，从而激发他们对语言的兴趣。甚至在更大一点的时候，他们开始尝试着发出"妈妈"的音节，这虽然是"蒙"的，但是如果能够"蒙"对，孩子对自己发音的能力就会更加肯定，以后也会制造出更多不同的声音。

1～3岁的语言期，是婴幼儿语言发展的爆发期。进入1岁之后，会突然发现孩子的语言发展能力有了迅猛的提高，似乎是在不经意间他们就学会了很多的词语，并且学会了用同一个字或词语来表达许多不同的情况，或用不同的字表示相同的意思。比如孩子说："妈妈，走。"其中有"妈妈，离开这里""妈妈回家"或"妈妈，去散步"等不同的意思。对于同样的话，妈妈有时候需要适当进行"解码"，比如孩子说："妈妈，我要吃……"其实孩子想表达的意思是："妈妈，我要吃面包。"这时妈妈可以完整地回应："琪琪要吃面包。"如此以后，孩子就会很清楚地说："琪琪要吃面包。"这种完整语句的补充，不仅有利于孩子学习，同时也教会了孩子表达的完整性。需要注意的是，在宝宝学习语言的关键期里，妈妈和宝宝说话的时候语速要适当放慢，并且可以蹲下来让孩子看到妈妈说话时的嘴型，这对早期婴幼儿语言的发展非常重要。

婴幼儿在语言发展的某个阶段会变得非常好奇，这不仅是语言发展的规律，也是婴幼儿的好奇心本身的作用。对于 1 岁半到 2 岁的幼儿来说，他们已经有了名称的概念。比如"太阳""月亮"，他们会表现出对任何自己不知名的事物的好奇，常常会指着周遭的事物问"这是什么？"在幼儿的世界里，没有所谓的难易之分，虽然有些名词在发音或字数上会让成人觉得较难，但只要幼儿感兴趣，爸爸妈妈只要多重复几次，他们就会记在脑海中，待到他们的发音器官成熟后，这些词语就会像连珠炮一样蹦出来，让宝宝们说个不停。

相较于 2 岁前的简单发音，2 岁以后的孩子才真正进入语言的"爆发期"。他们不但学会了自言自语，同时还会像鹦鹉学舌一样学习成年人说话。无论从语气还是神态都会模仿得有板有眼，但他们并不知道什么是"好话"，什么是"坏话"，只知道照单全收，搞得大人们哭笑不得，有时还会尴尬无比。比如无意中听到大人们说了句"烦死了"，他们就会逢人就说"烦死了"。其实，他们并不懂得其中的含义，只是简单地模仿而已，但是如果家长不加注意，孩子也有可能染上不文明的说话习惯。所以作为父母，应该尽量在孩子面前说一些优雅的语言，让孩子模仿出的词句也是优雅的。

语言的爆发期还表现在孩子对于说话永远不会感到疲倦。一方面是因为他们感受到了语言的乐趣，另一方面是因为内心的一种孤独感。很多孩子缺乏玩伴，再加上有些父母工作比较繁忙，很少抽出时间陪孩子，因此孩子在有父母陪伴时，总会一睁眼就喋喋不休地说个不停，大人想不陪着他们都难。

总之，孩子从模仿说话到完整的表达，主要是自身生理和心理发展的完善，但其中也离不开父母的正确引导。在引导孩子培养良好的语言习惯时，父母需要避开以下误区：

第一，在宝宝还不会说话之前，认为他们反正也听不懂，所以不需要多说话。其实不然，婴儿在刚出生时，确实听不懂成人的话，但是他们的学习能力很强，当妈妈总是冲他微笑着说："宝宝，我是妈妈。"时间一长，这种语言信息就储存在脑子里。随着他们的智力发育，再经过几十次的语言重复，他们慢慢就会明白，原来总抱着我的人就是妈妈。到了1岁左右的时候，他们可能会叫"爸爸，妈妈"了；当有人说："宝宝，你的球呢？"他们会转身去找，说明他们已经听懂大人在说什么了。所以，不会说并不意味着不用说，宝宝在学会说话前的语言准备期也是很重要的。

第二，用宝宝的儿语和宝宝进行交谈。1岁左右的宝宝，语言处于单词句阶段，他们经常发出一些重叠的音，如"抱抱""饭饭""打打"，结合身体动作、表情来表达自己的愿望。如说抱抱时，就张开双臂面向妈妈，表示要妈妈抱。到了1岁半左右，孩子能用两三个词组合在一起表达意思，就进入了多词句时期。如"吃饭饭""妈妈抱"。快到2岁时，开始出现简单句，并能准确地表达自己的意思，如说出"妈妈抱宝宝""宝宝吃饭饭"等。在这几个发展阶段中，孩子用熟悉的儿语是因为其语言发展限制了他们准确表达自己的意思。如果家长因为这样有趣或者是认为宝宝可以听懂，就用同样的语言和孩子进行交流，很有可能拖延了他们正常说话的能力。因此引导孩子正确说话时，应该让孩子处于充满成人沟通的语言环境中，并赋予生活中每一件例行的事与使用物品的正确语言，且不厌其烦地说给孩子听。

第三，重复宝宝不正确的语言发音。对于刚学会说话的宝宝，他们基本上能用语言表达自己的愿望和要求，但是还存在着发音不准的现象，如把"吃"说成"七"，把"狮子"说成"希几"，把"苹果"说成"苹朵"，等等。这些现象产生的原因是孩子的发音器官发育还不够完善，听觉的分辨能力和发音器官的调节能力都较弱，还未能掌握某些词语的正确发音方法。对于这种情况，父母不要学孩子的发音，而应当用正确的语言来纠正宝宝，时间一长，在正确语音的指导下，他们的发音就会逐渐正确。

第四，宝宝成长的语言环境比较复杂。有些家庭中父母、爷爷奶奶、保姆各有各的方言，语言环境复杂，多种方言并存，这会使正处于模仿成人学习语言的小宝宝产生困惑，"这个词，到底应该怎么说呢？"其结果直接导致宝宝说话晚。因此在6个月到2岁这个学习语言的关键期，家人应尽量统一语言，着重教孩子正确的语言发音。

或许你会觉得很烦，但是处于语言敏感期的孩子，却会因此而受益良多——有什么能比自己为自己代言更开心呢？为了让孩子拥有良好的语言能力，父母付出一点爱心和耐心也是值得的。

第三节　2岁宝宝爱说"不"

2岁的孩子开始喜欢对爸爸妈妈说"不"。不管是遇到任何事情，似乎总会不假思索地说出"不"字，有时还会故意做出一些大人禁止做的事情，越不让他们做他们就越是要做，而且想要做什么就一定得做，有时候还会做出一些"别出心裁"的事情，这些都让父母们头疼不已。宝宝的这一现象和行为，并不是简单的"任性"，而是因为"反抗期"到了。

伴随着婴幼儿语言能力的发展，宝宝们的情绪感知能力也在提高，他们知道了什么是自己想做的和不想做的。想做的爸爸妈妈们会觉得危险或者不合适而禁止；不想做的、厌烦的却总是被强迫去做，这会令宝宝的心里非常不舒服，会觉得自己的意愿没有被尊重，并由此产生强烈的逆反心理，对"独立"也特别渴望。不管父母的建议是好还是坏，但只要不是他自己想出的，都会觉得"不好"。加上这时的宝宝已经懂得了"不"的含义，所以他们就开始频繁地使用"不"来表达自己内心的意愿。伴随着行为的反抗和异常，他们的情绪也变得很极端。一会儿高高兴兴，活泼可爱，一会儿暴躁不安，乱发脾气。面对孩子阴晴不定的表现，家长的情绪也会变得烦躁不安。

这种情形的发生常常是不可预料的。有时候是突然间就开始了，一旦宝宝发现爸爸妈妈明白了他的反抗方式之后，就越发"变本加厉"，不等爸爸妈妈适应，他们已经学会在任何对话和场合中使用这个词语。但是这个阶段也会戛然而止，就像开始出现时那样快。但是在它结束前，我们还是需要尽快想办法来应对。

孩子的"反抗性"事实上是想闹独立。2 岁的孩子正在从婴儿期向儿童期过渡，身心正在快速地发展。他们逐渐发现自己已经能来去自如地走动，再也用不着依靠大人把他们抱到要去的地方。而且自己能用说话的方式表达想法。由于这些能力的诞生和增长，使孩子迅速地树立了自信。他们盼望快快长大，想急于向别人表现"我能行，我长大了"。这个时候，孩子不再把自己当成是大人的附属物，会认为自己是独立于爸爸妈妈的个体，而且把爸爸妈妈两个人也看作是两个独立的个体。因此，他们会认为完全没有必要按照大人的想法去做事，开始拒绝别人提供帮助，即使真的需要帮助，也会对大人的帮助不屑一顾。

孩子一旦露出了独立的苗头，有了自己的意愿，那么他们很可能就和大人的意愿出现分歧。这在家长看来，就是在作对。不过孩子虽然在行为上表现如此，但是内心仍然需要父母的情感支持和鼓励——父母需要告诉他"你做得很棒"，他才能真正地充满自信，并有了成功的喜悦。而且 2 岁孩子的智力和体力确实还很不成熟，很多事情没有父母的帮助是不可能完成的。所以，孩子一方面需要实现自己的愿望，另一方面也需要父母的帮助，他们事实上处于追求独立和祈求爱与帮助的矛盾中。

因此，针对孩子的这种情感需求，父母必须同时满足孩子独立的需要和爱与保护的需要。

一方面，给孩子独立和冒险的机会，遇到问题时在后面帮他一把。当孩子要求独立做某件事时，家长可以首先判断一下他们在多大程度上能完成这件事，可能会遇到什么问题。然后，在没有危险的前提下，放手让孩子自己去做，同时做好各种准备，避免问题的出现或及时给予提醒、示范。

例如，很多 2 岁的孩子要求自己吃饭。但是对于他们来说，手部的精细动作还没有发展得很好，平衡能力也比较欠缺，因此看似简单的舀饭——送到嘴里——吃下去，这几个动作虽然有可能完成，但会出现很多状况：很可能吃得很慢，也可能会打碎碗，或洒得到处都是，这也是许多传统家长拒绝让孩子自己吃饭的原因。其实这样做不仅孩子不愿意，而且对于孩子手部精细动作的发展也是无益的。正确的做法是放手让孩子自己吃，并且在他们吃饭的过程中，随时给予一些提醒和鼓励："宝宝吃得真好，勺子可以握低一点，就可以舀满满一勺的米饭，而且不会洒出来，你看，就像妈妈这样。"做示范的时候不要拿走孩子手里的碗勺，可以另拿一个来示范。为防止孩子摔了碗，洒了饭，妈妈也可以提醒孩子吃饭的时候离饭桌近一点，用不易碎的碗给他们盛饭，每次盛的量不要太多以免洒出来，这样更有助于培养孩子的自信。

另一方面，当孩子的安全遭到威胁时，妈妈必须自作主张。当他们正准备做一件危险的事情，妈妈必须果断地制止，然后用替代性活动来满足孩子的独立需要。例如，妈妈刚倒好一玻璃杯的热水，孩子走上来想端这杯水的时候。妈妈需要立即强行制止他，把水拿开，并告诉他："水很烫，会把手烫得很疼。"再换一个塑料杯子，装半杯凉开水，让孩子端着来满足他的愿望。

为了减少宝宝的反抗情绪，我们还可以为宝宝提供选择。宝宝在这个阶段可能会相当固执，父母也会因此很烦，有时甚至产生强迫性的想法，这时提供有限的选择是避免与孩子发生冲突的最佳方法。比如"你今天想穿白鞋子还是红鞋子？""你想喝果汁还是牛奶？""好，该做出选择了！你是想收拾积木还是毛绒玩具？"值得注意的是，选择只需要提供两种就够了。这一技巧适用于做任何事情，从穿衣到解决孩子与小朋友之间的争吵，等等。不过，有时候孩子也会犹豫或者是消极面对选择，这时不妨给他们加一个时间限制，比如从 1 数到 10，这是一种强迫宝宝集中注意力的方法。但是这种方法不能使用得过于频繁，否则将会失去效力。

提供选择的时候还要注意，这两种选择是大同小异的，提供选择的目的是为了暗示宝宝只能选择其中之一，这样既尊重了宝宝的意愿，同时也满足了大人的要求。比如当你们到达目的地想让宝宝下车时，为了避免孩子直接拒绝，可以这样说"你想现在下车，还是玩两分钟以后再下车？"无论选择哪个，他都得下车。不过，如果他识破了你的小把戏，也可能会两个都不选择，这时候你也可以耐心地听一下宝宝的要求，只要合理可行也是可以的。不管怎么说，父母都需要尊重孩子的意愿，给他们留下选择的余地。

另外，为了减少宝宝说"不"的次数，父母也要少说"不"，用自身的行为和回答来告诉宝宝，除了"不"还有多种表达方式。孩子的很多行为其实都是在模仿大人，许多孩子喜欢说"不"，也是因为总听到别人对他说"不"。这样无形中强调了"不"在他们心目中的印象和表达效果。因此，可以回答"是""可以""我想"等来替代"不"。即便是真的拒绝宝宝时，也可以巧妙地用转移注意力的方式来委婉地说"不"。比如当孩子想在楼梯上玩时，可以说"在楼梯上玩是不错，不过我有一个更好的主意，我们一起玩积木怎么样？"——对于婴幼儿来说，他们的注意力往往是不集中的，很容易被其他一些同样有趣的事物所吸引，所以"玩积木"也会是个不错的选择。

然而，有时候尽管你使尽浑身解数去避免冲突或转移宝宝的注意力，但最后还是和宝宝发生了争执。比如当孩子的意志与现实情况产生严重冲突时，遇到危及安全的问题时，面对这些情况，无论宝宝如何吵闹都要保持立场坚定，甚至可以动用家长的权威，比如说："我是妈妈，现在必须要听我的。"虽然这种做法很无奈，但是总比宝宝真的被一些自己无法预见的问题伤害到要好得多。当然，为了安慰宝宝，妈妈事后也可以把当时的情况和利害关系解释给他们听，并讲清楚不得不那么做的原因。比起意愿没有被满足，宝宝们还是更加在意父母是不是爱他们。

记住，每个人都是独立的，虽然宝宝们还很小，但这不是我们把自己的意愿强加在他们身上的理由，除了一些不得已的情况，任何时候都不要以爱之名强迫孩子做自己不喜欢的事情。那样只会让孩子的抵触情绪愈演愈烈，得不偿失。

第四节　保护孩子的好奇心

2岁多的宝宝，问题变得越来越多："天上的星星为什么发亮？""小鸟为什么会飞？""我为什么没有长翅膀？""晚上为什么会看不见太阳？""星星为什么会一闪一闪的？"……简直是"十万个为什么"，问得妈妈都要招架不住了。同时妈妈们还会发现，宝宝的破坏能力也变得越来越强，他们会把刚买的小汽车拆开，也会在大人们忙碌的时候"帮倒忙"，如果遭到呵斥还会变得不开心、哭闹，为什么宝宝突然间变得这么磨人了呢？

两三岁的年纪，被称作是"狗都嫌"的年龄，这个阶段的宝宝随着视野和活动能力的增大，也会慢慢觉察到世界并不像他们想象的那么简单。这时的他们已经不满足于对世界进行表面化的观察，而是想挖掘更深层次的内容，所以选择的探索方式也总是与众不同，他们可能会提问题，也可能会通过自己动手实践来了解事物，这些都是因为好奇心。宝宝有好奇心，是因为他们的求知欲、想象力、创造力和学习能力这时都已开始萌芽，探索世界的欲望和能力也在增强。试想，如果宝宝对什么都无动于衷，周围的任何变化都引不起他们的关注，那将多么可怕。正是因为宝宝有了好奇心，他们的思维才能慢慢打开。

对于宝宝的提问，有的妈妈可能会觉得是小孩子一时心血来潮的玩闹想法，或者是想要人关注他的一种借口，因此有兴趣的时候就回答他们几句，没工夫的时候就随便敷衍两句，赶上心情不好的时候甚至会训斥宝宝："你怎么那么多问题啊？不知道，一边玩去！"这样做不仅会伤害宝宝的情感，同时也会扼杀他们的好奇心。

对于孩子来说，提问就像是抓在手里的一把打开未知世界的钥匙，至于他们究竟能够打开多少扇门，妈妈对于宝宝提问时的态度很重要。如果妈妈不回避、不逃避，耐心启发、引导和鼓励宝宝，那么他们就会觉得这把钥匙很好用，会更加积极主动地使用这把钥匙，反之，就可能会丢掉它。

既然提问对宝宝来讲是好事，那么，妈妈就要尽可能地鼓励他们。当宝宝提出问题的时候，妈妈应及时、耐心地帮助解答，解答后不妨再鼓励几句："这个问题不错，我家宝宝很有想法。"妈妈也可以主动发问："宝宝，妈妈为什么这么爱你啊？""海龟是因为伤心才流泪吗？""植物喝的水都到哪里了？"不过妈妈提出问题的时候应考虑到宝宝的认知，不能提一些让他们觉得为难的问题，最好是接触过的，再次提出来，是为了让他们有机会巩固、整合学到的知识。

有的时候，宝宝也会反复提出同一个问题，这说明妈妈的答案并没有满足他们所期许的。当宝宝再次提出的时候，你不妨反问宝宝"你认为呢？""你觉得可以吗？"这样就能启发他们把自己的想法说出来——很多时候，宝宝提出问题时心里其实已经有了答案，他们也许只是为了验证自己的答案。因此，妈妈的反问更能促进宝宝积极主动地思考和提高表达的能力。

当然，宝宝不可能每个问题问得都合适，有时候也会提出一些过于小儿化或者是相当偏离生活的问题，但是不管是什么样的问题，妈妈都要认真对待，因为对于宝宝来讲，那或许是想了很久但是也没有想明白的大问题。对于总是不能理解或者比较难的问题，妈妈不妨引导到一个宝宝容易理解的内容上。这样，不仅可以绕开宝宝难缠的提问，还可以培养他的发散思维，重新引起他的好奇心。虽然在宝宝眼里，妈妈是无所不知的，但事实上妈妈确实也有不懂的问题。当宝宝问到妈妈也不懂的问题时，妈妈与其不懂装懂，给宝宝错误的认知引导，倒不如直接告诉宝宝："这个问题妈妈也不懂，咱们一起寻找答案吧。"带着宝宝一起寻找答案的过程，其实也是在向他们传达一种求实好学的精神，更是在教他们另一种可以受益终身的学习方法。

宝宝的好奇心除了体现在爱问"为什么"方面，还体现在许多日常生活中的小事上，比如喜欢拆卸玩具，什么都喜欢摸摸，甚至放到嘴巴里尝尝，在妈妈忙碌的时候总是要去"帮忙"，结果却"好心办了坏事"。这些看似淘气的行为，常常惹得大人很恼火，但这也是因为宝宝有好奇心，想要探索世界，对于父母来说，应该对其进行正确的引导，这将有助于孩子创造性潜能的培养。

宝宝喜欢把玩具拆开来，是因为他们想了解玩具为什么会自己动起来。因为对玩具有好奇心，想知道自己不知道的事情，这是宝宝迈开了探索未知世界的脚步。所以大人们与其担心宝宝毁坏东西，不如教给他们这些东西的使用方法。爸爸妈妈可以和宝宝一起玩玩具，并且在玩的过程中，告诉他们这些东西为什么会自己动起来，必要的时候可以和他们一起拆开玩具来研究一下它的内部构造。如果大人在这个时候批评，甚至打骂宝宝，都会让他们刚刚萌生的好奇心受到打击，阻止了他们探索未知世界的进取心，对他们将来的创造能力会产生很大的影响。

宝宝还喜欢从模仿中来满足自己的好奇心。宝宝学习和模仿的能力很强，当看到妈妈在厨房忙碌时，他们也想帮妈妈来做一些事情。比如跟在妈妈的周围打转，不是摸摸这里，就是看看那里。看妈妈在择菜，也会有模有样地拿起菜来。这时如果妈妈认为宝宝是在捣乱，不让他参与这些家务活，会打击他参加劳动的积极性。而且这种受阻或者是受挫，会让他们以后做事情时也容易中途放弃。这样的宝宝长大后虽然可能会很听话、很顺从，但是也会变得很没有主见，遇到困难的事情会手足无措。其实当宝宝对妈妈在厨房忙碌的动作产生兴趣时，妈妈大可以安排宝宝干些力所能及的事情，如让他洗黄瓜、西红柿等，帮妈妈拿调料等。在这一过程中，宝宝不仅可以了解一些蔬菜的特性，还学会了观察食物生熟前后的变化，使他们的好奇心得到了进一步的满足。

宝宝的想法和做法有时候在成人看来可能很可笑，但千万不要因此嘲笑宝宝。比如宝宝吃花生的时候可能会对"花生是怎么来的"产生好奇，妈妈会告诉他"花生是花生豆在地里长出来的"。隔几天，就会看到宝宝拿着铲子在地上挖了一个坑，把熟花生一粒一粒地种在土里。在妈妈看来，或许这一行为很可笑，"熟花生怎么能种呢？"但是宝宝并不懂。但这时妈妈可以找来两个花盆，让宝宝在两个花盆里分别种下炒熟的花生和生花生。等过一段时间，当一盆花生长出幼苗，另一盆没有长出来时，再告诉宝宝事情的真相，他们就会明白了。因此，面对宝宝错误的探索和实践方法时，妈妈一定要认真对待，千万不要用成人的思维来告诉他们这样做是错误的，而要通过引导让他们明白什么是正确的。

比起好奇心比较强烈的孩子，也许没有好奇心的孩子更容易引起家长们的担忧。常有父母担心地问："为什么我的孩子不喜欢动脑筋，问什么都说不知道呢？"除了好奇心的发展本身有早晚之分外，激发孩子的好奇心同样也很重要。

爸爸妈妈在带宝宝一起外出散步时，可以用亲身示范的方式来引导孩子产生好奇心。可以和宝宝一起寻找一些奇怪的花草树叶、石头等，告诉宝宝它们的名字，形状奇特的石头还可以让宝宝带回家收藏；多表现出对一草一木、太阳、星星及其他事物的兴趣和探索的愿望；和宝宝一起看到的事物多进行提问，比如"为什么风筝可以飞到天上去呢？"他或许不会直接回答，但是心里已经埋下了好奇的种子。

　　我们还可以通过尊重孩子的兴趣，从而来保护他们已经产生的好奇心。其实，他们能从那些能够抓住自己注意力和想象力的东西中学到更多的东西。如果宝宝喜欢音乐，就常常放给他听，和他一起玩乐器；如果宝宝对昆虫感兴趣，就陪他一起捉昆虫、养昆虫。

　　此外，创造有趣的环境也是激发宝宝好奇心的一种有效方式。对于他们来说，即便是墙上的一幅画都能琢磨半天。所以爸爸妈妈可以通过提供有趣的环境、玩具来激励宝宝的探索欲和好奇心，并且经常更新这些内容，以保持其新鲜感。

　　想想世界著名发明大王爱迪生的故事吧，也许今天被我们保护的好奇心，明天也会为世界带来改变。最起码，孩子未来的世界一定会因此而改变。

第五节　宝宝得了"厌食症"

都说宝宝的世界里除了吃还是吃，不仅吃东西，任何他们觉得新奇的东西，都想要去尝试，这些都让妈妈们担心不已。然而如果宝宝有一天变得不爱吃东西了，妈妈们可能会更担心。因为吃饭不仅关系到营养的摄入，还关系到身体是否健康。

每一个妈妈都经历过或者正经历着宝宝不好好吃饭的情况，由于现在家庭普遍都是一家人围着一个孩子在转。即使是这样，孩子还是不领情：到了吃饭的时候，任凭怎么叫就是坐在电视机前不动，或者自顾自地玩着玩具；有时候吃两口就开始跑，让大人们满屋子追着喂饭；有时候看着桌上的饭菜，挑三拣四，怎么哄都不行——除非拿出交换条件……这些情形让大人们既心疼也头疼，有些爸爸妈妈可能会觉得孩子是不是得了"厌食症"，慌忙带着宝宝去医院。事实上，这种经历再寻常不过，他们并不是真得了"厌食症"，大多数情况，非病理性的原因要远远高于病理性的。

俗话说"人是铁，饭是钢，一顿不吃饿得慌"。到了吃饭的时候，大人们都会饿得不得了，更何况是小宝宝呢？但是，宝宝真的有可能是不饿的。对于家长来说，有时候可以检视宝宝从上次用餐结束到这次用餐之间的进食情况。或许是因为现在的生活条件太好了，很多父母都有给宝宝做辅食的闲情逸致。从小孩几个月可以吃辅食开始，他们就会专门为宝宝做各种各样的辅食，到了1岁以后，随着宝宝食欲的增加，辅食的种类更是变得丰富起来。许多孩子从早餐过后，半个小时就开始进食果汁、饼干、牛奶等，直至午餐之前，宝宝们可能已经差不多饱了。从营养的角度来看，如果孩子们能够从其他食物中获得相同的热量，那么饭菜就可以被替代。

孩子在两餐之间摄入了过多的零食是造成宝宝不饿的另一个原因。零食一方面会给婴幼儿带来饱腹感，让他们不觉得饿；另一方面因为零食中有过多的添加剂会刺激婴幼儿的味蕾，让他们觉得口感更好，这些都是导致孩子们不喜欢原汁原味的饭菜的原因。但最糟糕的是，零食可能热量够，但是没什么营养，而且添加剂过多，很容易引起宝宝身体不适，转变为真正的"厌食"。

两餐之间间隔过短也是造成宝宝不饿的一个原因。婴幼儿还不能很好地形成自己的生物钟，他们大部分的作息规律跟爸爸妈妈一致。对于全职妈妈来说，早上睡到自然醒是一件十分幸福的事情，有时候因为宝宝半夜闹人，早上自然也会醒的晚一些，这样早饭的时间就容易推迟，到了正常吃中午饭时间，不光是宝宝，妈妈自己都不觉得有多饿。要知道，无论是运动量还是宝宝的胃肠道消化能力，都远远不如成年人。这样的宝宝怎么能好好地吃下去饭呢？

宝宝在婴幼儿时期，注意力往往还不能够集中，出于一种新鲜感和好奇心，他们很容易被其他有趣的东西所吸引，比如玩具、电视、游戏等。当他们专注于自己喜欢的事情时，会很反感他人的打断，哪怕是吃饭。由于这个时期的宝宝已经有了一定的独立性和自己的主意，他们也会捍卫自己玩耍的权利，他们或许会觉得"为什么你让吃饭我就得吃饭，我说要玩怎么就不行呢？"因此，在快要到吃饭时间时，不要给宝宝提供过多分散注意力的玩具或游戏，这对于他们的进餐还是很有必要的。

宝宝不好好吃饭还有可能受到情绪的影响。作为成年人，"心情不好，吃不下去"似乎很平常，也很容易被理解。但是我们可能不会想到，宝宝也有心情不好、不想吃饭的时候。生活中的很多因素都可能会影响到宝宝的食欲，比如进餐前受到了批评或者是情绪不佳等情况。对此，爸爸妈妈可以耐心地和宝宝进行沟通和调节，解决了心理问题之后再劝宝宝进餐。

不愉快的进餐体验也可以影响到宝宝的食欲。现在的食物种类虽然丰富，但是大部分的幼儿也会有挑食的现象，这些都很正常，谁没有不喜欢的食物呢？婴幼儿在产生挑食现象时，有些家长会采取一些强迫的，或者是连哄带骗的方式让他们把饭菜吃下去。这其实是不对的，虽然不同的蔬菜有不同的营养，但也不能为了孩子的营养吸收更全面而强迫他们吃不喜欢的食物，宝宝不吃，肯定有不喜欢的理由。或许是因为食物的形状、颜色，或许是因为以前吃类似食物时留下的不好记忆，比如被鱼刺卡过一次后，变得不喜欢吃鱼了。宝宝们也是有自己的思想的，他们有时候嘴上可能表达不出，但是心里却很明白。这时如果父母再强迫孩子，这种不愉快的用餐体验还会得到强化，影响到孩子以后的用餐心情。

有些孩子可能更"不像话"，甚至会用吃饭作为威胁爸爸妈妈的条件。2～3岁的幼儿有时会说出"你要是不给我买……，我就不吃饭"这样的话来。聪明的宝宝们通过一段时间的观察，大概都会发现爸爸妈妈对自己吃饭是非常关心的，也很在意自己吃不吃饭，因此他们会心血来潮地来上一段"权利之争"，看看到底谁说话更管用。一旦发现宝宝有这样的想法时，爸爸妈妈一定不能姑息，也不能妥协，因为有第一次就会有第二次。父母们一定要让宝宝明白：吃饭不是交易，吃饭是给自己吃的，不能以此作为要挟别人的理由。

当然，除了上述情况外，也不能排除一些病理性的因素，比如嗓子发炎、肠胃不适等，以及由于爸爸妈妈"关心则乱"而产生的主观看法。许多爸爸妈妈将宝宝和其他同龄孩子比较之后，会对孩子的食欲做出一个主观判断，事实上这是不具可比性的。因为宝宝们会受遗传、环境、体型、活动量等因素的影响，对营养的需求产生差别，食欲也会随之不同。此外，婴幼儿期的宝宝，食欲本身也存在不稳定性，有着周期性的增减情况。宝宝一般在夏季往往会食欲不振、厌食或食量减少，这是由于机体为了调节体温，较多血液流向体表，内脏器官供应相对减少，以致影响胃酸分泌，导致消化功能降低；加上天气闷热，小儿休息、睡眠欠佳，神经中枢处于紧张状态，体内某些内分泌腺体的活动水平也有改变，这些均影响到胃肠道的活动；另一个影响因素是由于大量饮水，使胃液被冲淡，以致食欲大减。

无论是哪一种情况下致使宝宝"厌食"，父母都不能做出过度的反应，不能为了让孩子吃饭而做出一些过激的行为，比如生气、威胁孩子等，当然也不能采取"拆东墙补西墙"的做法，比如乱承诺，一边讲故事一边让孩子吃饭，或者边吃边玩的方式。这样不但分散了幼儿进餐的注意力，还易发生呛食等意外。在孩子健康状况良好、没有什么不良情绪时，爸爸妈妈有义务让孩子知道吃饭是一种生活行为，必须养成良好的习惯。不妨尝试一下鼓励的做法：如孩子不好好吃饭时就不理他，把饭碗拿开，但当他又拿起勺子好好吃时，立刻告诉他，宝宝今天比昨天进步了，宝宝自己就过来吃饭了。

如果孩子真的不饿，也可以让他饿一餐，也许下顿会吃得更香。俗话说"要想小儿安，三分饥与寒"。不饿的时候强迫吃饭，只能产生反作用，让宝宝对食物更加反感。但是需要注意的是，到了饭点不吃饭的宝宝，如果在其他时间饿了，也不要给零食吃，这样很容易形成恶性循环。如果孩子真的饿了，只需把用餐的时间稍稍提早就行。

为了增强孩子们的食欲，家长们也可以努力把宝宝餐做得色香味俱全，以及造型更独特些，不仅要讲究营养搭配，还要注意色彩搭配，尽量不要让宝宝看到不喜欢的颜色，比如黑色——很多小朋友都不喜欢吃黑色的食物，也可以将宝宝不喜欢的食物混合在其他食物中，注意要少量，否则很容易被察觉。不要总给宝宝做同一种食物，也不要因为宝宝喜欢某种食物就任其随便吃，这样最终都会导致孩子们食欲下降和挑食。

最后，也是最重要的，多付出一些耐心，真正地去倾听、去了解孩子们内心的需求，试着去理解他们的行为，让孩子在爱与尊重中学会愉快进餐。

第六节　爱抢别人玩具的"坏"宝宝

就像"女人的衣橱里总是缺一条裙子"一样，宝宝的眼里也总是认为自己缺少玩具。妈妈们都纳闷：明明已经给他买了很多玩具，为什么出门还是要抢别人的玩具？看着隔壁被抢了玩具而哇哇大哭的小妹妹，妈妈心里也很懊恼，真是个爱抢别人玩具的"坏"宝宝。

很快妈妈们也会发现，这个"坏"宝宝的眼里似乎只有别人的玩具，即使妈妈下次出门给他带上玩具，他还是会抢别人的玩具，似乎抢来的玩具会更有趣。这是宝宝喜欢新奇事物的天性使然，还是孩子的心理出现了什么问题呢？

有些妈妈甚至担心，孩子现在是"抢"，长大了会不会就直接"拿"了呢？如果改不掉的话，对宝宝长大后的品质和行为的影响该是多么恶劣。对此，我们首先应该明白，孩子在这个时期出现的抢玩具行为是无关道德的，即使是孩子把小朋友的漂亮玩具带回了家，也不能将其与小偷小摸联系起来，这完全是两回事。2岁左右的小朋友对于是非的观念还很淡薄，也没有什么道德意识。在他们看来，将喜欢的东西据为己有是天经地义的事。

这种想法与宝宝自我意识的萌芽有关。宝宝自我意识的萌芽最初体现在以自我为中心，凡事强调"我"，在他的心目中，自己是最重要的，别人都要围绕着他转，只要是自己喜欢的，就可以拿过来，他们此时尚不懂得什么是"物权"，所以"抢"是没有任何恶意的，充其量也就是一种人性的本能。但是，在这一过程中，宝宝的道德意识也会慢慢发展，因此需要家长的引导，特别是在宝宝和其他小朋友玩的时候，尽可能也参与进去。

除了宝宝自我意识的萌芽外，孩子爱抢其他小朋友的玩具，也可能出于其他原因：第一种原因可能是父母总是无条件地满足孩子的需求，造成孩子喜欢就拿的任性行为。很多父母由于工作很忙，没有太多的时间陪孩子，就希望在物质上尽量满足孩子，只要孩子提出要求，父母就会马上满足。比如宝宝想买玩具，爸爸可能会说，喜欢就买并马上付诸行动，即使有时候也不想买，但是为了避免宝宝哭闹也会无奈地满足。这种无条件的满足其实是对孩子的一种纵容，他们会觉得只要是自己喜欢的都可以拥有，才不会管玩具是不是可以"买"。

第二种原因是宝宝们喜欢新奇事物的天性。对新奇的事物感兴趣，是人的天性。对宝宝来说，由于集中注意的时间本来就比较短，所以一个新玩具到他手里，玩不了多久，他就会被别的事物吸引，进而对手中的玩具失去兴趣。家里的玩具即使再多，对他来说还是不够，当看到其他小朋友有不同的玩具时，自然就会产生抢过来研究一番的想法。他们纯粹是想看一看自己没有见过的玩具而已，仅仅是天性使然。

第三种原因是父母过于依赖用玩具来安慰孩子。当爸爸妈妈工作繁忙，特别是一边工作一边进修的时候，常常没有时间和孩子玩耍。不少父母为了让孩子安安静静待上一会儿，给自己腾出点时间，可能会更多地依赖玩具来承担本应该自己承担的责任。于是，他们常常塞给孩子一堆玩具，然后放心地去忙自己的事情。这样做直接导致孩子对玩具产生依赖感，从而提出购买更多新玩具的要求。事实上，父母常常低估孩子的心理承受能力，对于他们来说，新玩具虽然能吸引一时的注意力，但是会很快消失；即使没有玩具来满足自己，哭闹一会儿也就好了。不能适应的反倒是父母，是他们过于高估玩具对孩子的作用，才导致孩子对玩具产生了原不该有的"贪婪"之心。

第四种原因是孩子对自己的玩具不会玩或缺乏创造性地玩。一个玩具拿到手，孩子可能根本就不知道怎么玩。尤其是那些不适龄的玩具，孩子更是难以驾驭，这样就会降低他们对玩具的兴趣。当他看到其他小朋友玩得很好的玩具时，就会马上产生兴趣，模仿是一种最好的学习方式，所以宝宝就会迫不及待地想把别人的玩具抢过来，来模仿一下别人玩的方式。另外，即便是孩子掌握了某个玩具的玩法，但是不能创造性地寻觅到一些新的玩法，或者父母提供的玩具不符合孩子的性格年龄特征，也会导致他们很快就对它失去兴趣，进而很想拥有他人的玩法比较新奇的玩具。

总之，我们要认识到孩子抢别人的玩具是有原因的，并不是因为他们的本性"坏"。对于宝宝抢玩具的行为，父母首先要先从客观上，给他们创造一个比较"满足"的环境，如提供适合宝宝性格年龄的玩具，教会他们怎么玩，并和他们一起开发玩具的新花样，这样也会变相满足宝宝对新奇玩具的渴求；在带宝宝外出玩耍时，给他们带上一两个平时在家里喜欢玩的玩具，当宝宝自己手里有玩具时，他对别人玩具的注意力也会分散一些，在必要的时候还可以引导宝宝和其他小朋友一起分享玩具，培养宝宝的"物权"意识和分享意识。

其次，对于宝宝的这种行为父母要注意引导。纠正抢别人玩具行为的关键在于让宝宝明白，任何物品都有自己的归属人以及归属人权利的观念，也就是常说的"物权"。对于任何一个抢别人玩具的宝宝来说，也一定会遇到别人抢他玩具的时候，同样也会因为自己心爱的玩具被抢而感到伤心，甚至哭闹不止。父母可以利用这个时候让宝宝明白什么是"物权"，可以这样说："那是宝宝的玩具，哥哥没有经过同意就拿去是不正确的，只有宝宝同意了才可以拿，对不对？"婴幼儿在认同别人对自己态度的同时，也会学着将这种观念用在他对别人的态度上，如果他认同了父母的这种说法，那么下次再抢别人的玩具前也会有"别人的玩具应该由别人做主"的观念。当然，由于宝宝的行为控制能力还很弱，他们的手总是快于自己的大脑，所以还是会不可避免地发生"抢"的行为，这时只要父母再多强调和引导几次，宝宝就一定能够记住。这也是孩子在学习与他人交往中很重要的一步——尊重别人，别人才能尊重自己。想让宝宝更好地认同这种观念，在平时的生活中也要注意尊重他们的意愿。

如果宝宝经常和别人发生抢玩具的行为，对于他们的社交也会造成一种不好的影响。比如在某个小区里，明明非常喜欢抢其他小朋友的玩具，所以大家看到他就会自动地躲开他，或者会保护好自己的玩具，甚至有些家长为了避免自己的孩子受伤害，还会批评明明。明明也觉得很委屈，因为有时候他并没有想抢其他小朋友的玩具，而是想和他们一起玩。不可否认，这的确是宝宝抢玩具的行为造成的直接后果。对于已经具有一定社交意识的小朋友来说，这种情况可能会让他觉得失落。此时父母可以让宝宝适当地多体验一会儿这种情绪。然后告诉他："你老抢人家的东西，人家才不跟你玩了，以后我们不抢人家的东西了，好不好？"这种"情境教育法"对小朋友很管用。

为了纠正宝宝的抢玩具行为，也为了能够让他们更好地融入群体之中，可以在他们和其他小朋友玩的时候参与进去，引导宝宝学会分享玩具，比如你借我一个，我借你一个等，尽量不要让他们发生抢的情况；尊重宝宝对自己的玩具进行支配的权利；教会宝宝站在别人的立场上去思考问题，带给宝宝一个与他人愉快相处的氛围，在平等与快乐中学会与他人交往；当发生抢玩具事件后，不要让宝宝的注意力一直停留在那里，可以拿一个宝宝平时很喜欢的玩具来分散他的注意力，避免这种不愉快的交往过程给宝宝留下心理阴影。

需要注意的是，任何情况下不能强势地介入孩子们之间的活动，即使你发现孩子抢了别人的玩具，也不能直接强行夺过来再还回去，这样只会助长孩子抢的行为。可以先劝说孩子，让他自己思考、改变处理的方式；也不能因为孩子哭闹就去给他买一样的玩具，或者劝说别人把玩具给他玩，这样他以后还会采取同样的方式。如果哭，就让他哭一会儿好了。妈妈可以安慰孩子，但是一定要告诉他：抢别人东西是不对的。

　　没有一个父母不爱自己的孩子，也没有一个孩子是天生的"坏"宝宝。爱孩子，就用最好的方式让孩子成长为人见人爱的好宝宝。

第七节　妈妈不要走

有一位妈妈最近很是苦恼：2岁多的豆豆突然变得很黏人，豆豆小时候主要是奶奶带的，和妈妈并不是很亲。但是最近每当早上妈妈要去上班时，他总是会抱住妈妈的腿说："妈妈，不要走，不去上班。"好不容易狠下心来走掉，背后总能听到豆豆伤心的哭声。听到哭声，妈妈的心里也很难受。更让妈妈难受的是，只要一到妈妈平常下班的时间点，豆豆就会坐在门口的地上等她，只要奶奶拉他回来就哭。一次妈妈有事回来晚了，豆豆竟然在门口等睡着了。妈妈回来后，听到奶奶这么说，心里难过极了。

这并非特例，很多家长都曾经反映过："我家的宝宝太黏人了，我只要一回家，宝宝就一直黏着我，就连我去上厕所，宝宝也要跟着，太烦了，搞得我什么也做不了。到底该怎么办呢？"1周岁后的宝宝爱黏人，似乎已经成为一件令家长们颇为头痛的事情。

据婴幼儿成长专家分析，宝宝喜欢黏人，是因为对妈妈依恋感的存在。著名的育儿专家内藤寿七郎博士曾经说过，亲子是相通的，母亲紧张，孩子也紧张。就像孩子不在妈妈身边，妈妈容易觉得不安一样，为了逃避或者是"解脱"这种不安，宝宝也会想要紧紧地跟在妈妈身边，所以妈妈要体谅孩子的这种心理；另外，由于在刚出生的第一年里，母亲对其照顾和陪伴比较多，所以宝宝会对母亲形成情感上的依恋，表现得比较"黏人"，这是一种正常的现象。"黏人"既能使宝宝的心理得到满足，也能带来情感的愉悦，适度的依恋还有助于宝宝对他人信赖度和自我信任感的建立，为将来成功地与他人相处奠定基础。相反，如果宝宝不"黏人"，反倒比较容易让人担忧。

具体说来，对待宝宝黏人的问题，我们可以从以下几个方面来理解：

第一，黏人是一种情感表达的方式。就像是宝宝告诉你"我饿了"一样正常，黏人也是因为宝宝此时有着强烈的、急切的需要妈妈陪伴的心理。当宝宝饿的时候我们都知道要给宝宝喂吃的，那么当宝宝需要陪伴的时候为什么就不能陪伴呢？比起满足孩子的物质需求，精神需求的满足显然更加重要。当然，做妈妈的总是希望尽其所能满足孩子的所有需求，只要注意在精神上和孩子保持沟通和交流，在情感需求上尽量满足孩子，孩子也一样可以成长得很快乐。

第二，黏人是宝宝走向独立的一个过渡阶段。1～3岁是宝宝独立意识初步萌芽的时期，这时的孩子一方面向往独立，但也会表现得越发黏人。与成人一样，宝宝在每一次迈出独立的尝试时，内心都会因为不确定而感到不安，爸爸妈妈的关注就是宝宝的"定心丸"，他们需要依赖父母的判断告诉其是否安全；另一方面有了父母的关注，宝宝也可以避免行为不当带来的伤害；再者，宝宝在成长时，也希望自己的每一次勇敢尝试能够得到爸爸妈妈的鼓励。这种现象很正常，并且不会持续太长时间。当他已经能够独立做好一件事情，比如说话、走路时就不会再黏着父母，遇到自己还不能独立完成的事情时，才会黏着父母，寻找安全和保护。所以父母应该觉得很欣慰，宝宝黏你，是因为他相当信任你。

为了让孩子更快地学会独立，以及体验到独立所带来的成就感，父母需要多多关注孩子，让孩子感受到你的爱，让他觉得有安全感。在孩子力所能及的事情面前，爸爸妈妈要尽量鼓励他自己完成，并表扬孩子的努力和成功。对于孩子的失败，绝不能表现出失望和生气。

第三，黏人也是宝宝成长的一个标志。随着幼儿的成长，他们的情感变得越来越丰富，对外面世界的探索和好奇心也都有所增强，对不确定性产生一种恐惧，并且对身边的亲人有了远近亲疏之分，这些都说明孩子已经长大了。所以，大多数宝宝在 1 岁以后都会经历"黏父母"的阶段，尤其是当日常生活中有了变化或周围有陌生人时，他会紧跟着父母，片刻不离。有时会让人觉得很烦，但这正说明宝宝在成长，此刻的你应该为宝宝感到高兴。

第四，不适当的养育方式造成的宝宝黏人。比如，抚育人单一，很多家庭带孩子的人都相对单一，和谁在一起的时间多，宝宝自然就更黏谁一些，这是人之常情；再比如，妈妈对待宝宝的态度前后不一致，甚至发生过不辞而别的现象。这些不好的情感经历会让宝宝常常缺乏安全感，所以会表现得很黏人。1 ~ 2 岁的宝宝还无法将"独立"和"失去妈妈"两者很清楚地区分开来，在他们看来，离开妈妈的怀抱是件伤心不已的不幸事件。故此，父母不要心情好时能够耐心地被宝宝"黏"，心情不好时就把宝宝一把推开，这种前后不一致的态度，会对宝宝幼小的心灵造成伤害，反而会增强宝宝的"黏性"。更有父母为了避免分离时的伤感场面，不顾宝宝的感受，不辞而别。这些做法都容易给宝宝带来内心的不安，对宝宝来说很不公平。

当然，无论是从宝宝成长的角度，还是从父母的现实情况来说，分离是宝宝和父母必然要经历的一件事，我们不能，也不可能因为宝宝离不开父母就天天陪着他们，任由宝宝"黏"着。宝宝的独立是一个循序渐进的过程，既不能过分焦虑，也不能武断地替宝宝来决定，可以在生活中通过改变自己的养育态度，采取一些有技巧的方式让宝宝顺利地度过"黏人期"。

首先，我们要摆正心态，坚定地应对宝宝出现的各种状况，保护宝宝处在萌芽状态的独立性。1 周岁以后的宝宝在许多方面都开始出现独立意识的萌芽，如：不愿让别人喂饭、不愿被别人抱着走等。宝宝的这种独立性倾向，是一种积极向上的表现，父母应当爱护这种行为，及时给予引导和鼓励，如用话语、表情、动作等表现出对宝宝独立性的赞许，以此激励宝宝更加大胆独立地去探索。不要舍不得放手，害怕宝宝离开自己后会有危险。这种对危险的放大，也会无形中破坏宝宝刚刚萌芽的独立意识，让宝宝变得胆小，缺乏安全感。面对和宝宝的暂时分离，父母也应该保持平静、乐观的态度，让这种"没有什么大不了的"的情绪来感染宝宝，使他也能够自信面对。

其次，试着把宝宝当成一个成年人，如果不能陪伴他，就要告诉他理由。宝宝们尽管还有许多话不会说，但是他们已经基本能听懂父母常说的话，也知道爸爸妈妈有必须要做的事情。他们的黏人和面对分离时的哭泣有时只是一种暂时的不适应，只要我们可以坚持在离开或者忙碌时向宝宝解释一下你正要去做的事情，反复几次他就会慢慢习惯。不过，爸爸妈妈永远不能将忙作为自己不陪孩子的借口，这只针对不得不做的一些事情。在大部分时间里，我们还是要常常陪伴宝宝，并让他感受到爸爸妈妈非常爱他，想陪着他。这样会有助于父母和孩子之间建立一种相互信任的良好关系。

再次，对宝宝要进行渐进式分离。当宝宝总是希望黏着你的时候，不妨用一些宝宝感兴趣的游戏来分散他的注意力，采取渐进式的方式来和宝宝分离。例如，可以先陪宝宝一起玩他喜欢的游戏，当发现宝宝可以把注意力集中在他喜欢的游戏上的时候，就可以跟宝宝说，自己玩一会儿，妈妈就在旁边做点别的事情。需要注意的是，妈妈一定要让宝宝知道你在哪里，不可以在宝宝正玩得开心时你就突然不见，这样宝宝会觉得非常没有安全感。在你离开之前，一定要让宝宝知道，并征得他的同意。一般宝宝在这个时候都会同意妈妈离开去做别的事情。在离开之前，你一定要坚定地对宝宝说"妈妈一会儿就回来"，让宝宝明白只是暂时分离，一定不要把自己的焦虑传给宝宝。

最后，请记住一定不要对宝宝的黏人行为进行处罚。有脾气较为暴躁的家长当宝宝黏人时就会觉得很不耐烦，觉得宝宝太不独立了，有时还会采取一些方式来惩罚他们。这种做法是错误的，这对孩子的伤害特别大，宝宝黏人本身既是因为信任父母，也是因为缺乏安全感，父母一旦处罚宝宝，宝宝就容易对自己的判断产生怀疑，会觉得是不是爸爸妈妈不爱自己了。宝宝一旦产生这种怀疑，他的内心会变得更加不安，这样也会直接影响宝宝的心理健康。

第八节　我想哭一会儿

2 岁以后的宝宝情感会变得特别丰富，有时他们会因为芝麻绿豆大的事情就哭上一阵，如果你问他为什么哭，他可能也说不出什么，抑或他只是想哭一会儿。

宝宝这么小就已经学会了多愁善感吗？其实也不是，他们只是在尝试着感受自己的情绪，并且学着如何管理自己的情绪。大部分的爸爸妈妈都带孩子玩过这样一个游戏：让孩子做出喜怒哀乐等不同的表情。对于这么大的孩子来说，他们简直就是天生的演员，因为他们总是能在第一时间做出一些相应的表情，这不仅是出于孩子们模仿的能力，也是因为他们的情绪感知能力有了进一步的发展。

对于 3 岁以下的孩子来说，他们表达情绪的一种最常见，也最直接的方式就是哭闹。孩子哭闹有时候是在发脾气，有时候则纯粹是一种情感的宣泄，但无论哪一种情况，孩子都还不能够很好地控制自己的情绪，也就是常说的对自己的情绪进行管理。作为父母，我们又该如何来帮助孩子学会情绪管理呢？

首先，先探究一下这个时期孩子哭闹的心理。相对于幼儿不会说话，用哭来表达生理需求，这时期的孩子哭闹则更多地表达一种心理的需求。比如自己心里不舒服，想要的玩具没有得到而觉得失落，受了委屈想要发泄，想要引起父母的关注，等等。这些心理都很正常，问题的关键在于父母对待孩子哭闹等情绪发泄时的态度。

以下几个情形是我们在日常生活中经常遇到的哭闹现场，可以在心里测试一下自己的反应。

场景一：周末，忙碌了一周的你想坐下安静地休息会儿，但是1岁半的孩子却因为积木搭不好而号啕大哭，这时你会怎么办？

A.控制住自己的怒火，安抚他，但不急着帮他，给他重新尝试的空间。

B.心烦意乱，赶紧替孩子搭好积木，假如他还在哭，就训斥或威胁他，比如："别哭了，再哭警察叔叔听见了，会把你带走的。"

场景二：2岁的孩子在一次发脾气时动手打了你，你会怎么做？

A.坚决地告诉他："打人是不对的。妈妈不喜欢这样。"如果他还继续打，轻轻地把他抱在怀里，告诉他妈妈知道他很伤心（或愤怒），安抚他。

B.按捺不住怒火打了回去，嘴里说："反了你！看我不教训教训你！"

在上述情形中，A项是正确的选择，但是生活中有时候就是忍不住做出了B项的行为，毕竟成年人不是在任何时候都有耐心。尽管我们也知道孩子闹情绪肯定是有自己的原因，比如场景一中的孩子，可能是因为自己无法将积木搭建成想象中的样子，从而产生了一种"心有余而力不足"的失落感，所以产生哭闹的行为；场景二中的孩子可能是因为心里的怒火无处发泄才会打了爸爸（妈妈），在他们的心里，他们只是想把心中的情绪发泄出去，并不会想自己选择的发泄方式是否正确。所以，在了解了宝宝们的"无心"之后，父母就没必要生孩子的气了。

面对孩子发脾气或者是哭闹，要知道这并不是坏事。哭闹和发脾气可以让负面情绪发泄出来，避免郁结于心，引起其他的疾病。就像人们常说的那样："小孩子的脸，说变就变。"大哭一场之后，孩子的情绪经常会变得很快，刚才还伤心欲绝，一会儿就又欢呼雀跃了。实在不用过分担心。

面对孩子发脾气或者哭闹，爸爸妈妈一定不要走开。或许你心里很烦，不想听到孩子的哭声，但是孩子已经很伤心了，如果这时爸爸妈妈还要批评他、不理他，甚至要离开他，这会让孩子的内心更加伤心、无助。这时爸爸妈妈可以温柔地拥抱孩子，询问他："宝宝是不是生气了？宝宝是因为……而不开心的吗？我们可以……"你的关怀和理解一定会让宝宝觉得自己受到了重视，加上身体接触带来的安心感，他们一定会慢慢地缓解最初的情绪，又重新玩起来。在这样的引导和安慰中，孩子不仅情绪得到了发泄和缓解，同时也初步建立起一种抗挫折的能力，这些对孩子以后进行情绪管理都很有帮助。

需要注意的是，当孩子因为没有成功完成一件事情而哭闹时，先不要着急去帮助孩子，而应该让孩子自己哭一会儿，感受一下这件事情带来的情绪，然后再慢慢地开导孩子。在孩子重新鼓起勇气去做这件事时，再给予必要的指导。要知道，无论在任何时候，我们的替代和帮助都会抑制孩子自身动手能力的发展，也不利于孩子自己调整情绪，不能感受失败后的成功带来的意义和愉悦感。

面对孩子的情绪发泄，最不可取的一种方式就是用暴力手段去制止。许多孩子在成长的过程中会表现出暴力、急躁或者是胆小、懦弱、不敢表达自己的情感需求，这些多是受到了大人们暴力阻止的影响。从父母的立场来看，孩子的许多行为都是让人难以忍受的，但是孩子毕竟还是孩子，他们的行为需要父母去耐心开导。面对孩子哭闹时出现的暴力行为，一方面要告诉孩子打人是不对的，另一方面也要教会孩子学着用其他的方式来发泄自己的情绪。

除了管理好自己的情绪外，家长们在对待孩子情绪方面也要讲究一些科学的方法。比如采取"延迟满足"来让孩子学会等待。

1960年，美国斯坦福大学心理学教授沃尔特·米歇尔曾经做过一个名为"糖果的诱惑"的著名实验：在美国斯坦福大学的一家幼儿园里，研究人员找来数十名儿童，让他们每人单独待在一个只有一张桌子和一把椅子的小房间里，然后给每个人发了一块糖果。并被告知，如果不吃这块糖果的话，将会获得更多的糖果。有的小朋友没有抵制住糖果的诱惑，直接就吃掉了，但有的小朋友，为了得到更多的糖果，拼命忍住去吃眼前的糖果的冲动。当然，这个过程也很煎熬，他们开始做一些小动作，吃手，吃自己的衣角，甚至用手蒙住眼睛，最后，他们经受住了诱惑，得到了更多的糖果。米歇尔对这些参加实验的孩子进行了跟踪采访，发现那些可以等上 15 分钟再吃糖果的孩子到了小学、中学，甚至踏入社会之后，学习能力更强，而且离婚率、犯罪率更低。

这个实验引起了许多父母的反思。在生活中，我们给予孩子的满足分为超前满足、立即满足、延迟满足和不满足 4 种情况，而且大多数家长给孩子的都是超前满足和立即满足，如孩子还不饿就给孩子吃的，孩子一看上什么玩具马上就给他买。这样造成的直接后果就是孩子不懂得珍惜和性子急。他们会觉得父母满足自己的愿望是理所应当的，自己想要什么就可以拥有什么，所以一旦出现与这种设想不符的情况时，内心就因为无法接受而哭闹、发脾气。殊不知这种恶习其实是父母纵容的结果。

一些专家指出，对于孩子要求的延迟满足可以更好地提高孩子们自我控制的能力，也是有效进行情绪管理的一种好办法。对于 1～2岁的宝宝，可以通过转移注意力、数数、订计划等方法帮助他们学会自我控制，而对于更大一些的宝宝，则可以通过倾诉与倾听、玩游戏、表扬孩子的自控力等方式来调整他们的情绪，让他们明白自己也可以做情绪的主人。

让你的宝宝想哭就哭，想笑就笑吧，以后他们将会体验更多属于人类的情感，如快乐、喜悦、悲伤、害怕、气愤、厌恶等，这些我们都无法替代，因为这是属于孩子自己的权利。

◤编者后记▶

1～3岁被称为婴幼儿成长阶段中的"先学前期"，幼儿的许多生活习惯、是非观念以及性格萌芽都是从这里开始的，因此对于幼儿的成长来说十分关键。从幼儿开始蹒跚学步，咿呀学语，有自己丰富的情感，学会独立思考，学会交朋友，到他们尝试着自己的事情自己做，尝试着离开妈妈自己去探索世界……这其中的每一次进步、每一次变化看似自然地发生，但对于他们来说，内心都经历着巨大的变化。他们会惶恐、不安、无助，会因为"无知""固执"而做出许多惹爸爸妈妈生气的事情，这些都是很正常的，解决这些问题的方法只有一个，那就是爱与理解。希望所有的爸爸妈妈都能够理解自己的孩子，能够用爱去包容孩子的每一次成长。毕竟，随着3岁的到来，我们陪伴孩子的时间也将越来越有限，他们的世界也将变得更加丰富多彩。

Part 3

幼儿期（3～6岁）——丰富多彩的世界

孩子终于到了要上幼儿园的年龄，爸爸妈妈心里想着总算可以松口气了。但是转眼又发现，孩子变得比以前还难带。有些妈妈说：我的孩子一天简直要哭上100遍；有些妈妈说：我们家的孩子简直是个小魔头；有些妈妈说：孩子大了，脾气也变大了，简直是无法无天……难道是真的应验了那句"可怕的3岁"吗？3岁以后的幼儿心理又会发生哪些不同以往的变化呢？让我们一起来解密吧。

第一节 "可怕"的 3 岁

在许多早教和育儿类的书籍中，会看到 terrible 的这种说法，通常把它译为"可怕"的 3 岁，或者是"麻烦"的 3 岁。大多数经历过 3 岁儿童日常的妈妈们也会对此深有感触。3 岁究竟有多可怕，可怕的原因又是什么呢？

下面是一个 3 岁孩子的妈妈所遭遇的情形：一天，3 岁多的蕊蕊正在搭积木，也许她原想拼一座大城堡，但是还没有拼到一半就塌了，只听"哇"的一声，蕊蕊就哭了起来。妈妈一边赶来安慰，一边问城堡怎么坏掉了啊，是不是蕊蕊没有拼好啊？这么一问孩子哭的声音更大了。妈妈意识到可能是自己说错了话，于是赶紧改口说："城堡坏了没关系，我们可以再搭建啊。妈妈相信蕊蕊一定可以做到的。"但是蕊蕊还是在那里哭，不过在妈妈的安慰下蕊蕊已经好多了——眼泪几乎没有了，只剩下了干号。但只是干号也很要命，把妈妈的心都给号烦了。联想起平日里蕊蕊的多种"无理取闹"，妈妈实在忍不住了，就把蕊蕊放了下来，让她自己号够了再说。据妈妈说，当时蕊蕊一直号啊号的，头上的血管都"突突"地跳了起来。

类似这样"气人"的行为还有许多，比如当你让他洗澡时，他不但拒绝而且还会满屋子乱跑，怎么都不配合，即使讲道理也不听；告诉他不能到处乱画，可是稍不留神就将满屋子的白色墙壁涂成大花脸；只穿自己想要穿的衣服，哪怕衣服再脏、再不合时宜；遇到想要买的玩具，必须立刻买，只要爸爸妈妈有"二话"，马上就撒泼打滚各种"反抗"；让妈妈干吗就必须要妈妈干，其他谁做都不行；稍不如意就哭，并且哭得昏天黑地，爸爸妈妈甚至都没有弄明白宝宝为什么哭……这些行为无不让父母既头疼又心疼，虽说3岁是孩子成长中的一个叛逆期，但这样也太可怕了。

宝宝们为什么会产生这么多让人不可理解的行为呢？第一个原因就是已经日渐长大的孩子，有种被尊重的心理需求。想想看，比起刚出生、刚会走路，3岁的宝宝是不是需要被照顾得越来越少，独立能力也越来越强了呢？俗话说"翅膀硬了想自己飞"，3岁以后的幼儿也是如此。在他们的思维意识中，成长到一定阶段的时候会发现自己和周围的事物是分离的，包括爸爸妈妈，需要别人将他们当作一个独立的个体来尊重。它体现在尊重他们独自做事情的意愿，尊重他们的想法，尊重他们的情感以及情感的表达方式。

孩子们的这种想法还体现在他们已经具备了一定的自尊心，也就是常说的"面子"。有些家长会发现孩子特别忌讳爸爸妈妈在别人面前批评他，特别不喜欢爸爸妈妈否认他们的能力，比如玩积木，当孩子想要拼一幅比较复杂的图案时，妈妈也许会说，"这个太难了，我们换个简单的吧"，这么一句话可能就会引来孩子大哭一场，这是因为孩子觉得自己的想法受到了否定。他们这些所谓的"面子"有时也常常令大人们意想不到，比如拒绝，这对于成年人来说都是很正常的事情，但是对于孩子来说就会觉得很委屈，很不能接受。要知道，伴随着孩子的成长，刚刚萌芽的自尊心也是很脆弱的。

孩子们产生上述行为的第二个原因是，幼儿有了独立性的要求。随着年龄的增长，当孩子意识到自己已经可以独立地做一些事情时，独立性也在日渐萌芽，并逐渐增强。3岁后，他们越来越想脱离家长的保护独立行动，以此作为验证自己能力的一种方式。他们对独立的要求不仅体现在行为上，如独立行动，还体现在不愿意接受成人的指令，如"不要在墙上乱画""不要看那么长时间的电视"。对于他们来说，只要是他们内心想做的，就会迫切地需要尝试，为什么大人们可以随心所欲，小孩就不可以呢？这个阶段的他们对此类问题会表现得特别固执。

当然，也不能排除孩子做出此类行为的另外一个原因：借以试探家长们的底线。"用他人的反应来判断这件事情可不可以做"似乎是人在幼儿时期就掌握的一种探索世界的方式，并且这种方式尤其受到孩子们的喜欢。我们都明白"会哭的孩子有糖吃"的道理，孩子之所以会用哭来换取糖吃，是因为孩子第一次哭的时候我们给了糖，之后他们才会不厌其烦地用同样的方式来换糖。假如有一天你突然要改变游戏规则，"哭"也不给糖，恐怕孩子也会变得很无措。这时候有错的就不是孩子，而是擅自改变游戏规则的成年人。同理，孩子们的许多"无理取闹"行为也是一种试探，他们通过成年人所表现出来的态度，确定自己做这件事情的意义，以后为了达到这样的效果就会"故技重施"。所以，一开始父母就要确立好自己的原则，做出正确的反应。

了解上述的原因之后可能就会发现，孩子们之所以会出现那么多让我们觉得"可怕"和头疼的行为，很大一部分因素都是大人们自己造成的。如过于宠爱孩子，孩子要什么就满足什么，有朝一日一旦家长不这么做了，孩子就接受不了，大哭大闹。言行不一致，嘴里说着"爱"孩子，但心里面并没有给孩子足够的信任与尊重，不耐心倾听孩子的诉说和要求，甚至不分场合地呵斥孩子，伤害他们的自尊心。说话不算数，有些父母觉得孩子小好哄，常常许下一些虚假的诺言不去兑现，很容易伤害孩子的心灵，并且造成孩子对家长不信任——不再相信父母说的任何话，哪怕是正确的话。不尊重孩子独立性的要求，不舍得放手让孩子做一些力所能及的事情，并且不给孩子独立选择的权利，如今天穿什么衣服。这些事情虽然很小，但是却可以让孩子感受到自己被尊重，不仅减少了冲突，也可以让孩子的逆反心理不那么强。

都说父母是孩子最好的老师，大人们的一言一行无时无刻不在影响着孩子，当他们不听话和我们对着干时，我们总是习惯说"听话"，但是却忘记设身处地地考虑：孩子为什么要和自己"对着干"，为什么孩子就非得听你的话？是不是能够换一种让孩子乐于接受的表达方式？或许，有时也该换一种思考方式，不要一味地要求孩子听话，而是换作我们来听孩子说话，因为很多时候孩子的看法也有他们的道理。

父母一味地要求孩子按照大人的意愿做事情，不仅容易加重孩子的逆反心理，同时还会产生许多意想不到的坏处，如抹杀孩子的好奇心和创造力。他们有时候无心做了"坏事"，是因为他们对什么都想一探究竟，如果孩子只能按照父母的意愿去行事，他们发挥创造性的权利就受到了剥夺。孩子们的童年一味地按照大人的安排做事将减少他们的兴趣和爱好，这不仅不能满足孩子的求知欲，久而久之易产生逆反心理。父母对孩子要求过多，容易让孩子感觉不到父母的爱，从而产生自卑心理。孩子并不是父母的玩偶，只按照父母的要求做事会让他们感受不到"自己"的独特性，生活在父母一切都安排好的环境中，始终走不出父母带来的阴影，这样孩子会对自己的能力产生怀疑，遇事不敢大胆尝试，比较自卑。

不听话有不听话的好处，我们只要正视这个问题，困扰也就迎刃而解。著名德国心理学家海查曾做过如下实验：他对2～5岁有强烈反抗倾向的100名儿童与没有这种倾向的100名儿童，做了长期的追踪调查。结果发现：在反抗强烈的100名儿童中，长大后有84%的人拥有果断的判断力和坚强的意志力，而在反抗性不显著的孩子中，真正称得上有意志力和判断力的只占24%。所以不要再为了所谓的面子——让孩子在别人面前对父母俯首帖耳，可能别人会称赞"这孩子真乖"，大大满足了身为父母的虚荣心。也不要因为孩子们的"忤逆行为"而大发雷霆，尊重孩子自身发展的需要，他们才可能拥有果断的判断力和坚强的意志力。

凡事有因必有果，对于孩子成长中所出现的任何问题，只要耐心对待、认真倾听，3岁就不会"可怕"，孩子也会更加幸福和快乐。

第二节　臭妈妈、屁爸爸

　　语言是人类表达自我的一种最直接的方式，也是一种最常见的方式。当孩子们掌握了基本的语言表达能力后，他们会发现这是一件很有趣的事情，并且开始学会用一种特殊的方式来验证语言的力量。

　　最近，奇奇的奶奶向妈妈反映，宝宝开始爱说脏话了。事情是这样的：奇奇是个3岁半的男孩，平时幼儿园放学后，奶奶总是习惯性地带他在楼下和其他小朋友玩一会儿。一天奇奇突然蹦出一句："我不要和他玩，他是个臭弟弟！"上次还有个小朋友抢了奇奇的玩具，奇奇一边哭一边说："我打死你，你是坏孩子。"妈妈听后也是深有同感，有时不知怎么惹了奇奇，他就会说"臭妈妈"。妈妈是"臭妈妈"，爸爸是"屁爸爸"，和小朋友们玩动不动就说"打死你""你是个笨蛋""滚"之类的话，你们家的宝宝有没有这种情况呢？

　　许多家长可能会觉得很纳闷，家里平时也没有人有说脏话的习惯，孩子是和谁学的呢？有些家长也会因为孩子说了脏话而去批评他们，甚至呵斥、打他们，但是这些行为依然阻止不了他们继续"我行我素"，他们甚至还会因此"变本加厉"。其实，这种情形并不单单发生在个别孩子身上，特别是他们进入3～4岁时会普遍出现，这也就是我们常说的语言"诅咒敏感期"。

　　诅咒敏感期，是指儿童在学习语言的初期（一般在3岁左右）接触到一些脏话或者带有诅咒的话后，喜欢不分场合地使用，越是被制止就越喜欢使用，而一旦过了这个阶段又恢复正常，儿童在这个时期的这种语言习惯被称为诅咒敏感期。诅咒敏感期是语言敏感期中的一个表现。

随着幼儿年龄的增长，他们先是发现一句话可以表达一个意思——这个发现让他们开始学会重复说一句话。后来很快又发现语言本身是有力量的，它可以产生一种强有力的效果，可以像一把利剑一样刺伤别人，对他人产生强烈的反应。这引起了孩子们巨大的兴趣，诅咒敏感期也就随之而来，他们开始没轻没重，快乐地使用那些有力量的语言。受到传统道德和文明规范约束的成年人在最初发现儿童使用那些"诅咒"词汇时，会很担心，会视之为洪水猛兽。这种反应更坚定了孩子对这些词语力量的认知，使得他们更加关注和喜欢使用这类词汇。

其实，孩子们在最初说脏话和狠话的时候仅仅是出于对这些语言的好奇。我们常常可以看到，孩子们在说大部分的狠话、脏话的时候，往往是笑眯眯的，就像是在玩游戏一样，并没有与那些词语配套使用的表情，所以他们说出的话也是没有任何恶意的。只有当家长处理方式欠妥当时，孩子才意识到，原来这些语言是具有杀伤力的。意识到这点之后，孩子就会将它们当成一种武器使用。

也有许多孩子说脏话和狠话纯粹是为了逗父母们玩，故意惹爸爸妈妈生气，因为对于缺乏关注的孩子来说，让他们生气也是一种"关注"。当孩子们的脏话、狠话陆续登场，并且愈演愈烈时，许多父母都会觉得无从招架。大多数的爸爸妈妈会给孩子讲道理，告诉他们这些话如何不好，不能说。当发现劝说无效时，体罚、呵斥等种种行为会让孩子们觉得很"有趣"和好奇。孩子天生都是小小外交家，他们很清楚爸爸妈妈并不是真的舍得打他们，因此象征性的呵斥和体罚会让他们觉得很好玩，就像爸爸妈妈和他们玩的游戏一样。于是，孩子就通过这样的方式与爸爸妈妈互动，完成了他们所期待的游戏，并且

"长盛不衰"。

即使因为这种行为，家长真的体罚了孩子，在他们幼小的心里会对爸爸妈妈做出如此反应而感到好奇，这直接导致他们继续在别人面前上演同样的戏码，用他人的反应来验证这种语言的力量以及爸爸妈妈反应的真实性。因此，面对孩子说脏话和狠话的时候，不要一味地劝说和体罚，这些都是没有效果的。倘若父母在劝说的过程中使用类似威胁的狠话，如"你如果再不改好，就滚出这个家"，孩子的行为就更难消除了。

那么对于孩子张口就来的脏话、狠话，只有听之任之了吗？也不是。下面两则故事或许可以带给我们启示。

故事一：一天，一位女士在会所外面等人，遇到一个小女孩，觉得她很可爱就一起玩了起来。小女孩刚开始还是很友好的，后来不知道因为什么，突然冒出一句"我要杀死你"。听了小女孩的这句话，那位女士虽然有些吃惊，但是从她清澈的眼神中可以看出，小女孩并没有恶意。

于是，女士就和小女孩说道："是吗？但是如果我被杀死了，你就再也看不见我了，到时候谁陪你玩呢？"小女孩不解地问道："那你去哪儿呀？""我变没了啊。"女士回答。小女孩听后接着说："那我要把你砍断。"女士还是没有生气，依然有趣地回答："我要被砍断了，就需要用胶水把自己粘好。要粘不好就麻烦了，我就死掉了。"小女孩仍然不死心："那我把你的头砍下来。""那我的头一定很伤心，因为它不能跟我的身体在一起了。"……

故事二：朋友家有一个4岁左右的孩子，最喜欢用"屁""臭"等词语。一次小家伙和妈妈去一位阿姨家做客，见到阿姨的时候，妈妈提醒他叫阿姨，谁知道孩子一张口就来了句："屁阿姨。"妈妈觉得很尴尬，马上想要呵斥孩子，这位阿姨对妈妈使了个眼色，阻止了妈妈批评他，转头柔声对孩子说："你知道 pi 有几种写法吗？"

孩子以异样的眼神看着她，显然没有想到阿姨会是这样的反应。后来阿姨找来纸笔，和孩子一起搜罗那些发音为"pi"的字——P、屁、劈、辟、癖、僻……并结合生活中的一些有趣的事情，和孩子一起讨论了这些字的用法。那一天，孩子在阿姨家玩得非常开心。

在上述两个故事中，孩子们最终都改变了爱说脏话和狠话的习惯，但是也可以发现，故事中的大人自始至终都没有和孩子讲道理，或告诉孩子这样说话会不受欢迎等话语，只是平和而温柔地换种方式对待孩子，并且通过自然呈现的后果或者是转移注意力的方式让孩子发现说那些话是不恰当的，还有比说这些话更有意思的事情。其实孩子说脏话和狠话只是诅咒敏感期的一个正常现象，并且是一个阶段性的行为，家长无须为孩子们的话而感到大惊小怪，平淡冷静地面对是处理孩子此类行为的最好办法——当孩子发现他们的那些话并不会引起别人太大的反应时，会觉得这并没有想象中的好玩，因此很快就会放弃，将注意力转向其他更有趣的事情上面。

当然，淡定地面对处在诅咒敏感期的孩子，并不等于可以带着赏识的表情看待他们的这种行为，或者以欣赏的语调谈论这些话题，甚至是重复他们所说的话语。这是截然不同的做法，并且不可混淆，因为它们所带来的效果也是大相径庭的。三四岁的孩子理解力远比我们想象的要强得多，他们也很容易能够从大人的表情和语气上判断出好与不好。如果父母们对这种行为表示赞赏，他们或许会更加"卖弄"这一本领；如果孩子在清楚界限的前提下依然说脏话、狠话，那就说明他在挑战规则，这时就需要家长来告诉他这些话是不受欢迎的，以及可能带来的后果。另外，父母们还可以告诉孩子哪些行为会更加受人欢迎。

　　总而言之，对于这个时期的孩子，既不要让他们因为不被接受的行为受到更多的关注，或者达到他们所期待的其他目的，也不要太漠视或者错误对待孩子。请相信每一个孩子都是好孩子，并且一定能够成长为好孩子。

第三节 我有许多许多好朋友

"朋友"是一个非常温馨的词语，每个人一生中都会有不少的朋友，朋友可以带给我们快乐，也可以为我们提供精神上的支持。因此，对孩子来说也不例外，在很小的时候，父母就希望他们也能够有自己的朋友。然而，对于心智还没有完全成熟，眼里心里只有自己的儿童，让他们学会交朋友可不是一件简单的事情。你的孩子会交朋友吗？3 岁半的乐乐在某一天就给了妈妈一个大大的"惊喜"。

乐乐平时性格比较内向，不太喜欢说话，每次妈妈带他出去和小朋友们玩时，他总会怯生生地躲在妈妈的后面。刚上幼儿园时，乐乐还哭闹了好几天，尽管妈妈告诉乐乐很多上幼儿园的好处，比如有更多小朋友可以一起玩耍，还有亲切的老师带着一起做游戏。但是乐乐还是不愿意上幼儿园，经过一段时间的努力，乐乐适应了幼儿园，再也没有说过不想上。

一次，妈妈接乐乐放学回家，他心情非常好地告诉妈妈："我在幼儿园里有许多许多的好朋友，然然是我的好朋友，浩浩也是我的好朋友，还有佳佳、帆帆……我有一大堆好朋友。"妈妈很惊讶，她就问乐乐："你怎么有那么多好朋友啊？你可以和妈妈说说为什么他们是你的好朋友吗？"乐乐很开心地回答道："我今天和浩浩一起玩玩具，和然然比赛跑步，和佳佳还有帆帆一起玩娃娃家，所以他们都是我的好朋友……"原来，在乐乐眼里，一起玩耍就可以交到朋友，对此，妈妈也为他交到这么多的好朋友而感到开心。

其实家长不用为孩子会不会交朋友而担心，就像乐乐一样，到一定阶段后他们就会交朋友，只不过他们有自己的方式。人从出生开始，就有了与外界互动和沟通的意愿，它会随着年龄的增长而变得日渐强烈，并且逐步表现为渴望与他人交往，因此在儿童3岁左右时会形成一个社交敏感期，尤其是上了幼儿园之后，他们会有越来越想与同伴交往的需求，借此来排解内心的孤独感。在与同伴交往时，从他们所表现出来的态度中完成对自己的评价，产生兴奋或失落的情绪，从而进一步调整自己的行为。3～4岁的孩子会逐渐对身边的小朋友分出亲疏远近，并逐步建立起自己的朋友圈。

这个时期的幼儿有3种常见的交友方式。第一种是通过分享食物或者玩具来交友。生活中我们会经常看到一个小孩因为和另一个小孩分享认为好吃的食物，一起玩上好长时间，但是这种"友谊"也会随着食物的消失而消失，比如下次再见面时因为没有了食物的纽带，两个人就不做"朋友"了，这种情况孩子自己也会发现。所以想维持这种交往的时候，就会想其他的办法来让"友谊"延续下去，比如分享自己心爱的小汽车。玩具的存在以及不易消失性会让孩子们在一起玩的时间更长，这就是孩子总要拿着同样的一个玩具去找其他小朋友玩的原因。

第二种是通过交换物品来交友，并且是"不等价交换"。比如，一个幼儿园小班的儿童放学回来后拿了张漂亮的贴纸，并且兴奋地向妈妈展示，当妈妈问及贴纸是哪里来的时，他说是拿自己的小汽车换来的。这种交换在成年人看来或许是"不等价"的，但对于孩子来说，却因为交换玩具——将自己心爱的物品送给对方，表达了对对方的好感，也因此变成了"好朋友"。

第三种是通过争抢玩具来交友，这也是最容易引起别人误解的一种方式。在生活中我们有时会遇到这样一种情形：当一个小孩正拿着自己的玩具玩得开心时，旁边突然来了一个小孩二话不说就把玩具抢了去，抢过去之后他也不玩，而是看着被抢的小孩，甚至引他来夺回去。这种行为通常让人觉得很"可气"，其实，对于抢玩具的孩子来说，他只是为了引起别人的注意而已，他是用这种不恰当的方式让自己多一个"玩伴"——这就是他们的交友方式，在孩子眼里，"一起玩"就是朋友。

如此，我们也可以看出，其实孩子们心目中的"朋友"和成年人的朋友是不一样的。在这个年龄段，孩子还没有开发出成年人的社交能力。他们还处在自我中心的阶段，没有足够的同理心去替他人着想或与他人和平共处。对于大多数幼儿来说，现阶段的"我"是唯一重要的人，这也是他们衡量与周围所有人包括爸爸妈妈关系的一个重要准则。对于他们来说，能够陪他们玩，让他们开心的人，就是他们的"朋友"，而且他们会采取任何可能获取这一满足的手段和方式，只要能够满足他们的需求。他们的世界里还没有给予的概念，也没有正确和错误之分，因此完全没有任何"社交风度"可言，他们甚至无法控制自己的冲动行为，比如扔小朋友的玩具，把别人的积木踢倒，惹急了掐别人，等等。他们的"朋友"来得快，去得也快，而且换得特别勤。

或许，用"玩伴"来代替"朋友"对他们更合适，但是这丝毫不影响孩子们社交意识和人际关系敏感性的形成。他们在这样的环境中与"朋友"进行交往，从而也会逐渐学会分享与合作，学会替他人着想，学会用语言而不是攻击性行为解决问题，总有一天，他们会真正地学会交朋友。

对此，家长们需要从小就对孩子做出耐心细致的引导。首先，需要从小培养孩子积极主动的交往态度。父母是孩子最好的模仿对象，为了给孩子做出榜样，父母在与人交往时也应该积极主动，文明礼貌，如见人主动打招呼、尽量不与人发生冲突等，用自己的行为举动潜移默化地对孩子的社交意识进行影响。此外，一个充满爱和温暖的家庭对于孩子的交往态度影响也很大。如果想给孩子创造出这样的氛围，就经常与他一起做游戏，为孩子培养一种喜欢与人交往的态度。同样，在这样的家庭中长大的孩子也会充满安全感，这将有助于孩子更好地信任他人，主动与人交往。

其次，多为孩子创设一些良好的交往机会。比如多请小朋友到家里做客，让孩子体验作为"主人"的优越感；带孩子访亲会友，扩大他的接触面，让他有机会和各种人打交道，并体验交往的乐趣。在孩子与他人交往时，尊重孩子的意愿，并尊重孩子的朋友包括他们假想中的朋友，让孩子体验被尊重的同时，也体会到朋友带来的乐趣。切忌不要代替孩子去交往。比如拿礼物去"贿赂"别的小朋友，让其带着自己的孩子玩；带孩子一起访友时，不能为了面子说孩子内向、不喜欢和人交往等。这些都是对孩子交往能力的否定，容易给孩子造成心理阴影。

再次，提高孩子的语言能力，让孩子懂得如何表达并且乐于表达。语言是一种最有效的交往工具，许多孩子正是因为不善于表达才会选择用一些不友好的方式，因此家长要教会孩子语言表达的多样性，让孩子学会用语言去交朋友。同时还要告诉孩子一些交往时常用的文明用语，让孩子体验到语言的巨大魔力。6岁以前是孩子语言发展的重要时期，父母可以在孩子会说话以后，多和孩子交谈，用给孩子讲故事、鼓励孩子自己讲故事、编故事等方式，有意识地对孩子的语言表达能力进行训练。

从次，要引导孩子掌握交往的技巧和规则。从懂礼貌、会合作、能分享、守规则等方面入手，教会孩子在与其他小朋友观点不一致时懂得商量、遵守规则、输了不能耍赖等。同时有针对性地训练孩子发表自己的观点，让他理解沟通是解决问题的最好方式。对于孩子们之间出现的问题，父母要遵循一个古老的道理：让孩子们用自己的方式去解决问题，而不是代替他们去解决问题。

最后，告诉孩子一定要学会宽容，因为宽容不仅是一种美德，而且能够让我们交到真正的朋友。

第四节　我是男孩还是女孩

4岁的孩子在别人问起"你是男孩还是女孩"时，他会毫不犹豫地回答出自己的性别，并且很少有出错的时候。但是在这之前，他们有时心中也会有疑惑：为什么我是男孩（女孩）呢？

孩子们的性别对于家长们来说，似乎是再简单不过的事情了：男孩就是男孩，女孩就是女孩，这又需要什么解释和教育呢？但这显然满足不了孩子们的求知欲和探索欲，对于性别的探索是从他们开始发现自己与别人不同时。生活中我们常会见到这样的场面：一个小女孩在看到小男孩尿尿时，惊讶地问道：那是什么呀？同样，小男孩也可能会问：为什么美美和我不一样呀？从这时候开始，孩子内心的性别意识就开始萌芽了。他们接下来会特别想要观察自己和别人的不同，尤其是和异性身体上的区别，对于他们来说，这是件很神秘的事情。

对此，许多家长可能会觉得很尴尬，也可能会对孩子观察异性身体的行为进行呵斥，有些则简单地用"羞"来阻止孩子的这一探索行为。无论对于成年人，还是孩子，越禁止越有效这一心理定律都是屡试不爽的，他们也会因为父母的禁止而变得更加好奇，也会因此做出一些让父母们觉得更加不知所措的行为。因此，在孩子性别意识萌芽时，家长对他们进行正确的性别角色教育是非常有必要的，这不仅关系到孩子这一阶段好奇心和探索欲的满足，还关系到孩子日后正常的社会交往、恋爱、婚姻、家庭生活，影响到其健康心理的发展以及健全人格的养成。

性别意识也是自我意识的重要内容之一。伴随着幼儿自我意识的觉醒，他们的性别意识也会随之萌芽。儿童的性别意识包括性别辨认、性别角色和性别概念三部分。其中，性别辨认是最早表现出来的，即意识到并承认自己或他人所属的性别，如"我是男孩，美美是女孩"；意识到自己或别人属于何种性别后，接下来就按照性别角色做事，如孩子可以通过故事、说话或者是扮演游戏中的角色对自己或他人说明自己是男孩还是女孩。他们也会渐渐明白，男孩该有什么样的行为，女孩该有什么样的行为，以及做什么样的行为才会得到人们的赞许，讨人喜欢，从而逐渐使自己的行为符合社会承认的性别角色。性别概念则是对具体的行为方式的抽象认识，它的形成需要较长的历程，幼儿期涉及较少。幼儿期对孩子进行性别意识培养，需要按照他们的年龄和阶段特征对其进行循序渐进的引导。

首先是对幼儿性别辨认的培养。在幼儿3岁左右性别意识刚刚萌芽时，他们最好奇的就是"为什么自己是男孩或者女孩？""男孩与女孩有什么区别？"在这个时期对幼儿性别意识影响最大的就是父母。幼儿心理学专家鲁杰曾这样分析，2岁半到3岁之间，孩子就应该知道自己是男孩还是女孩。如果有人把女孩叫成"小弟弟"，她会感到不安，甚至会纠正别人："我不是男孩，我是女孩。"但是这时的孩子还不理解，性别标志是一大群人都有的一种共同特性，而且这些标志是终身不变的。他们只知道性别和名字是属于自己的，所以会特别介意别人将自己的性别说错。

到了3岁以后，孩子们会慢慢地发现一些可以进行性别辨认的外在特征，如头发的长短、衣服的花色等，因为生理上的性别特征在现实生活中总被遮盖着，所以他们很少会将其作为判断性别的依据。这样就导致了他们在小便时遇到同厕会发生不正常反应——很多小朋友原来和自己是不一样的。这时他们会非常好奇，而作为父母或者幼儿园老师应该明确地告诉孩子，生殖器官和眼睛、鼻子、心脏一样都是人体不可缺少的器官。同时还要告诉孩子因为性别不一样，所以他们才有区别。孩子们都是天真无邪的，较早地让他们知道一些性别知识，要比他们在懂得了害羞，或懂得了成人的忌讳之后，才去自己琢磨要好得多。

同时，性别角色的认同也非常重要。现在社会上有许多青少年出现一些性别认知错乱现象。因此，家长很有必要让孩子从幼儿时期开始对性别角色有一个良好的认知。其实父母本身就是很好的性别角色榜样，孩子可以从妈妈身上认识女性角色，从爸爸身上认识男性角色，从而从父母身上发展对异性的信任。幼儿园老师在引导小朋友做娃娃家游戏时，也可以告诉小朋友们，男孩扮演爸爸的角色，女孩扮演妈妈的角色。

在幼儿的集体活动场所里，如在幼儿园，老师应该让孩子们按性别分组上厕所，午休时间尽量让男孩和女孩分开睡，虽然没有必要分得“清清楚楚”，但是一些必要的区分对待也能让孩子们更快地适应性别角色。

在帮助孩子们认同性别角色上，近年来有一种流行的方式叫作“双性化”教育，这种方式避免了“单性化”——对孩子进行单一的性别教育时所带来的片面性和副作用，教会他们既认识到自己性别的特征和优势，也认识到异性的特征和优势。这种教育方式鼓励孩子们通过自然而然的接触，在发挥自己的性别优势的同时，注意向异性学习，克服自己性格的“软肋”，进而促进身心的全面发展和人格的日趋完美。如男孩可以多多学习女孩的细心、善于表达和善解人意，而女孩则可以多多学习男孩的刚毅、坚定和开朗。但也不能走极端，切忌过头。

在引导孩子树立正确的性别意识时，父母也应该以身作则。这不仅有助于孩子性别意识的形成，同时也有助于建立正确的性别意识和身体隐私意识。

介绍一个生活中比较常见的案例。一天，爸爸拿着衣服正准备进浴室洗澡，4 岁的敏敏跑过来抱住爸爸说："总是妈妈帮我洗澡，今天我要和爸爸一起洗。"敏敏还小，自然不会想太多，这可难住了爸爸。想要再给她洗一次吧，可是又觉得敏敏大了，万一以后对其他成年男性也没有戒备心怎么办？简单拒绝吧，又怕伤了敏敏的心，毕竟小的时候也给她洗过很多次澡。最后，爸爸征求了妈妈的意见后，对敏敏说："敏敏长大了，要知道女孩的身体有很多小秘密呢，不能随便给别人看，尤其是不同性别的人。爸爸虽然爱敏敏，但是也要尊重敏敏，所以就不给敏敏洗澡了。"妈妈也顺势说："来，敏敏还是和妈妈一起洗澡吧，顺便说说我们身体的小秘密。"敏敏听后，高兴地和妈妈一起洗澡去了。

对于孩子来说，尤其是幼小的孩子，他们的内心还没有建立起正确的性别意识和身体隐私意识，尤其是在爸爸妈妈面前。但是父母不能因为孩子不注意，就觉得没什么大不了的，需要尽快帮助孩子适应性别意识产生后带来的心理上的变化。案例中，敏敏爸爸没有一味地溺爱孩子，也没有简单地拒绝孩子，而是先让孩子简单地了解男女的性别差异，建立起初步的身体保护意识后，再向孩子点明不能一起洗澡的原因。这样一来，孩子不会因为被拒绝而感到委屈，又能体会到爸爸对自己的尊重。另外，妈妈也对孩子表示了关注，进一步缓解她的情绪，趁机给孩子讲解更具体的性教育知识。这样的配合方式，值得每一位家长学习。

总而言之，男女的性别虽然是由染色体决定的，但是对于性别的辨认和性别角色的认同却会在成长过程中受到养育方式、成人意识以及环境的影响，为了孩子能够健康成长，请父母尽早对孩子进行性别意识培养，只有这样，孩子才能够真正健康地成长。

第五节　事事追求完美的孩子

都说处女座的人有完美主义情结，但是三四岁的孩子有的尽管不是处女座，却也在生活中事事追求完美，比如：碗里不能不干净，哪怕放的是自己马上要吃的食物；饼干拆开时不能有丝毫破损；心爱的小汽车任何一个部位和零件都必须是完整的；等等。只要出现一点不"完美"，他就会哭闹个不停。就像完美主义者会给身边的人带来压力一样，有完美主义倾向的孩子也会让大人头疼不已。

在某个幼儿园班级的一次美术课上，发生了下面的事。

美术课上，果果在画花瓶油彩画。过了一会儿他拿着自己的画跑过来告诉老师："老师，我画错了。"老师接过来一看，发现只是花瓶稍微小了点，但并不妨碍作品的完整，于是轻描淡写地说："不要紧，只是小了一点点。你可以在旁边再画一个大的呀！"果果还是不满意，继续说："老师，我画错了，给我换张纸吧！"说完眼巴巴地看着桌上的白纸。

"你没画错呀，你在花瓶里画点花，不就显得大啦？你要是觉得小，你也可以在旁边再画一个啊！"老师的劝说终于让果果有一点动心了。他本来准备转身走了，但是又站住了，停了一会儿毅然转过身来，径直走到桌前，悄悄地拿走了一张白纸。

果果的举动被其他小朋友看到，纷纷向老师告状："老师，果果换纸了！""老师，果果拿你的纸！"再看果果，他正一脸不好意思地站在那里，一声不吭。为了不让果果觉得尴尬，老师向其他孩子点点头，示意老师已经知道了。

看到老师默许了果果的行为，其他小朋友也纷纷向老师要求换纸："老师，我也画错了！""老师，我也想换一张纸！"几乎半数的孩子都要求换纸，仅仅是因为有一笔或几笔画得不理想。

这样的事情在日常生活中还有很多，是孩子在闹着玩还是太调皮？抑或是孩子闹人？其实这些都只是表象而已，真正的原因是孩子们已经进入了"完美敏感期"——对他们心目中的"完美"表现出一种特别执拗的渴望，从要求食物完整发展到对所使用的用具、周围事物都追求完美，每一件事情都不能出错。追求完美是孩子的天性，也是人类的天性。因为完美可以带给人精神上的愉悦，所以儿童出现追求完美的倾向也表明他们的精神世界开始走向丰富和深入。

同时，孩子们追求完美也是因为他们内心开始有了自己的审美标准。当孩子关注物体的体积和形状时，他们也开始了对物体形式的审美。孩子们之所以喜欢一个物体和它的形状，是因为这种形状带给他们审美上的愉悦。这对于孩子们来讲就像发现了新大陆，让他们感到欢欣，并且因此受到鼓舞。当有人破坏了这种形式时，孩子内心的愉悦感也就受到了破坏，如果家长没有达到他们对事物形式的要求，他们就会因此大发脾气和哭闹。这些虽然让成年人觉得不可理解，但是孩子就是在完整与残缺的对比中，建构起自己内在对于美的感受和需求。

完美敏感期对孩子的心理发展起着至关重要的作用，追求完美是一种内在的、自律的力量。如果在这个时期，孩子追求完美的心理得到满足，他们就会产生"完美自律"。这种自律性在孩子稍大点，比如上小学之后就会表现出来：当孩子做作业、画画、做练习时，孩子都会力求做到让自己满意。许多孩子在成年以后做事严谨，这都和儿时"完美敏感期"的发展有着密切关系。

凡事都有两面性，都有一个度，过犹不及就不好了。我们都知道，对完美的过分追求会给自己和身边的人带来很大的压力。对于尚在童年期的孩子来说，家长尤其不愿意让他们表现得过于追求完美，对此应该如何去引导他们呢？

首先，家长应对孩子的"完美主义倾向"有一个正确的认识。完美是孩子成长过程中的一种心理需要，只要能够控制在一定的范围内，不影响他们的正常生活和活动就可以。因此，对于孩子表现出的对完美的追求，在大方向上可以尽量去顺应，比如做点心、面食、菜品等方面，可以相对来说做得小巧一些，就可以给他们完整的物品；当孩子因为饼干碎了而不想再吃的时候，就别再勉强他们吃碎掉的饼干。这不仅是对孩子完美心理的一种尊重，同时也是为了让他们明白自己有追求美的权利。

对于孩子表现出来的过度追求完美，家长应该密切关注孩子的动向，及时去查找原因。比如有些孩子因为以往的能力较强，受到的表扬比较多，没有经历过什么挫折，甚至是家长本身就是这么要求孩子等因素造成的，但只要及时给予纠正，让他们不必这么苛刻地要求自己。一方面要多给孩子讲道理，让他们知道人人都会有缺点和错误，不可能样样都做到最好。对于他们的表现，既不要过多表扬，也不要过于忽视，要表现出不是太在意。另一方面，家长平时也要以身作则，在生活中不要表现得过于苛求自己和孩子，要引导孩子适当转移注意力，不要过分注重竞争的结果，通过让他们参加丰富多彩的活动多与人交往，培养活泼开朗的个性。

其次，帮助孩子建立更多的审美标准。正如事物的完美性会随着观念的不同而不同，也会随着观念的发展而发展一样，儿童认为不完美的事和物，在成年人眼里也可能是美的，比如残缺。无论是成年人还是儿童，最重要的是要保存对于完美事物的感觉，标准不重要，它也可能会改变。因此，当孩子们对于完美过度苛求时，家长可以借此进行引导，让他们建立更多美的标准，这样既可以让身边的人轻松，也可以让他们自己轻松。

家长可以帮助孩子建立一个参考标准，以缓解他们内心过高的标准。比如当孩子想要独立搭建一个复杂的积木城堡时，他可能会因为城堡的墙不够顺直而生气，也可能会因为没有他设想中的大桥而把搭好的积木推倒，然后哭闹，这时爸爸妈妈应该明白孩子是因为过于追求心目中的完美才会如此。此时父母不妨表扬一下孩子已有的成就，并且告诉他，在你这么大的时候爸爸妈妈还搭建不了这样有创意的城堡呢。这样，孩子既能从父母的表扬里得到安慰，同时又可以在假象对比中获得心理上的满足，在无形中孩子对于完美的标准就会逐渐改变。

家长还可以引导孩子树立新的审美标准。许多小孩吃食物的时候都会要求其完整性，这样的形状可以给他们带来一种心理上的满足，但是在食物不完整的情况下，就要引导孩子去创造美、发现美。比如孩子面对半个饼而哭闹时，妈妈不妨试着引导他们："你看这半张饼像不像一个月亮呢？"或者引导他们用嘴巴将它啃出一个月亮的形状，这样在他们的心目中，半张饼也会是完整的——因为它是一个弯弯的月亮。

家长可能永远也想不明白在孩子幼小的心灵里，他们对完美是多么的渴求，所以一定要小心，不要破坏了孩子内心的完美。即使不小心破坏了，也要负责重新将其找回。保护孩子对完美的需求，就是保护人类提升自己的需求。

第六节　我是第一名

3 岁后的某一天，孩子突然学会了和别人比较。他可能会在放学的时候兴奋地告诉妈妈："今天我跑步得了第一名。""我今天吃饭是第一名。""老师今天夸奖我被子叠得整齐。""我今天积木堆得最高。"当然他也可能会失落地告诉妈妈："我今天一个表扬都没有。老师都夸别的小朋友了，为什么不夸我呢？"对于爸爸妈妈来说，他们实在不知道宝贝们为什么喜欢比来比去，那些竞争所带来的快乐与悲伤在孩子幼小的心灵里究竟意味着什么？

这种比较，或者说是竞争，对于 3 岁以后的宝宝来说非常普遍，并且随着年龄的增长，内容也变得包罗万象，如谁可以把小自行车骑得更快？谁会把秋千荡得更高？谁能够更长时间地保持平衡？有些孩子甚至连第一个吃完饭、第一个上完厕所、第一个睡着觉这些小事也要争个高下。

其实，事事争做第一也是很累的。有些孩子会在竞争的过程中产生压力，甚至觉得疲惫。贝贝上幼儿园时，妈妈想督促他做事迅速些，就告诉他每天早一点去幼儿园才能做第一名，并告诉他做第一名的许多好处，比如可以从容地吃早餐，可以在吃完早餐后第一个玩耍，甚至还可以考个好大学，等等。尽管孩子在这个年龄段还不知道这些事的意义，但为了让妈妈满意，孩子都会尽力去做。于是贝贝每天在妈妈的催促下起床、刷牙、洗脸、背上书包去幼儿园，没过两天他就不乐意了，哭着对妈妈说："妈妈，我不要做第一名了，第一名太累了。"

在妈妈的一脸诧异中，贝贝哭闹着达到了自己的目的。从此以后，贝贝做任何事情都不再提第一名。

孩子究竟该不该有竞争意识？让我们先来了解竞争对于他们来说意味着什么。

竞争意识是孩子自我意识发展过程中的一种显现，它与幼儿的自我意识紧密相连，自我意识只有在与他人的比较之下，才能够更清晰地显现出来。幼儿期是孩子自我意识发展的关键期，幼儿需要拥有与他人区分开的、独特的、私有的经验，来确定和显示自己的独立人格，这种需求是通过竞争来实现的。

科学研究也发现，孩子在3岁半以后，竞争意识开始变得日益强烈，通过不断地和他人参照、不断地更改"参照系数"——评判标准、不断地用比较来评价别人和自己。"竞争"对于他们来说，是一种本能，也是不可或缺的。孩子们在竞争中才能学会评价自己和别人的能力；学会与他人相处（竞争也是人类交流的一种方式）；学会面对压力；学会自信；学会应对失败和成功；学会自我展现；等等。

因此，竞争对于孩子们说，首先，意味着它是认识自己的一种方式。3岁以后的孩子会慢慢理解：我是一个人，虽然个头很小、力气也没有爸爸妈妈大，但是也可以自己做一些事情了。于是他们学着尝试新鲜事物，确定一些比较的标准——可以是别人，也可以是以前的自己，以此来看看自己的能力究竟达到了什么样的水平，他们在这种比较中完成自我认识以及更深层次的探索。

由于很多家庭中的孩子都是独生子女，没有兄弟姐妹做比较，只能以父母为坐标测量自己。这样的孩子会有两种比较极端的倾向，要么极度自信——我做的任何事情都很伟大，独一无二；要么认为爸爸妈妈什么都比他做得好（如他们可以用积木把塔楼盖成1米那么高，塔楼都不会倒塌），这也会让宝宝产生挫败感。只有通过和同龄的孩子们比较，他才会形成一个比较现实的认识，这也是孩子们为什么喜欢和同龄的小朋友们比较的原因。比如同样是搭积木，只有两个人差不多大才可以形成一个真正的比较：是我堆积木堆得高，还是其他小朋友堆得高？别人能做到的是不是我也能做到？以其他小朋友为镜子，孩子们才能更好地认识自己。

其次，竞争对于孩子们来说还是一种自我评价的依据。儿童心理学家认为，大约在 4 岁的时候，儿童能够根据经验进行自我评价，这种评价的依据就是竞争。对于孩子来说，大大小小的事情——包括游戏、吃喝拉撒，它们都可以分个第一、第二。尽管我们成年人都知道所有的竞争中只有一个第一名，但也会有相对应的倒数第一名，但是孩子可不管这些，他们只需要比一比、试一试，知道自己是第一名就行。他们会为自己取得的成果而沾沾自喜，并且在这种经验中积累自信。同样，经常在比较中失败的儿童也会因此而沮丧，渐渐变得不够自信，这些则需要父母和老师给予积极的鼓励和引导，让孩子看到第一不是唯一，虽然这次没有取得第一名，但是其他地方（最好是有一个具体的所指，比如美术）同样做得很棒。

竞争对于孩子们来说，就像是一个刻度表一样，它标志和记录着孩子们成长所达到的阶段。孩子可以通过和他人比较、竞争了解到自己可以做些什么，自己的能力在同龄小朋友中发展得如何，也了解到自己能做到的事情，别人也可以做到，每个人都可以"有所作为"。所以，对于孩子们产生的竞争意识，父母无法阻止，阻止也是没有任何意义。只要他们的竞争动力是来自孩子自身，父母就不用担心竞争会给孩子带来压力，会让孩子们变得很累，要相信孩子们有自我调整的能力——这也是他们独立成长所必须拥有的能力之一。

为了让竞争对孩子们的成长产生积极的意义，也为了避免孩子走入过度竞争的误区，家长需要引导和培养他们正确的竞争意识。

首先，培养孩子正确的竞争意识，需要培养和发展孩子自身的个性。竞争对于孩子来说，既是激发潜能的一种刺激，也是尽心做好事情的一种动力。但它也是一把双刃剑，运用不好也可能会阻碍孩子正常的心理发展。心理学研究表明，个性与面对竞争时的态度有着紧密的联系。具有良好个性的孩子，对待竞争问题会更理智、更积极。反之，则容易被竞争所累。因此，家长要从孩子本身的性格特点和兴趣特长出发，培养孩子完善的人格，使其具备更强的竞争能力。

培养和发展孩子自身的个性，除了增强竞争能力外，也要让他学会更好地看待竞争。一些特别注重自我意识、忽略别人感受的孩子，虽然在竞争中可能取得胜利，但是在与人相处中却可能会失意。这时他们可能会认识到，如果为了争第一，而令别人不开心，就可能会失去友谊。因此我们可以让孩子明白，与别人一争高下并不是竞争的唯一方式，也不是竞争的最好方式，真正的竞争应该是勇于向自己的能力极限发出挑战。

其次，培养孩子正确的竞争意识，需要端正孩子竞争的心态。如果家长对孩子竞争欲望过强而感到忧虑，应该先帮孩子端正心态，要让他们明白，一方面，竞争是展示自身实力的机会，是件美好的事；另一方面，要学会用从容的心态去看待超越和被超越。参与竞争的意义之一，就是学会有风度地接受失败，并且诚心实意地祝福对手。在竞争中赢得胜利固然值得骄傲，但和同伴之间团结协作的精神，更是不可或缺的品质。家长们在日常生活中，也要用自身行动做出良好的示范，潜移默化地影响孩子。

最后，培养孩子正确的竞争意识，要鼓励孩子勇于表达自己的内心感受，并且尊重孩子做出的选择。告诉孩子可以用自己的价值观去判断是非，也可以用自己的方式去实现所追求的目标，要相信自己的能力。一个人的自我价值并不是只能通过竞争来体现，当孩子尽了最大的努力成为一个赢家或者输家后，要让孩子记住这种感觉和经历，做一个继续努力的赢家或毫不气馁的输家，而不是过分注重竞争本身。

第七节　会讲故事的"淘气包"

你家的宝贝喜欢阅读吗？他是否会自己讲故事呢？

一位幼儿园的老师在一次家长会结束后，对一位 4 岁半的孩子的妈妈说："你们家天天特别棒，这周是我们幼儿园的绘本周，一次上课时我问小朋友们：'平时都是老师给你们讲故事，今天老师也想听小朋友们讲故事，谁来给大家讲个故事呢？'这时天天第一个举手站起来说：'老师，我想给大家讲故事。'被请到前面的小天天拿起一本带到幼儿园的绘本，绘声绘色地给大家讲起了故事：'小绵羊生气了。小绵羊莫莫和莫莉是一对好朋友……'天天讲得特别好。"听到老师的陈述，天天妈妈也觉得很欣慰，自己家的淘气包竟然会讲故事了，不枉她一番苦心。

据天天妈妈介绍，天天在不满 3 岁时就表现出了对绘本故事的巨大兴趣，总是不厌其烦地让她讲同一个故事，直到故事情节他自己看着画面就可以复述出来才让换书；到 3 岁半左右，天天的阅读兴趣就更广了，他不仅喜欢各式各样的绘本，还喜欢一些带插图的名著故事——虽然他不认识字，但是他总会央求爸爸妈妈读故事。每天讲睡前故事已经成了天天的一个习惯，即使是哪一天妈妈没有时间讲，天天也会将选好的故事书看上好几遍，就像是自己阅读一样。而且，天天的这个习惯已经坚持了两年左右。

其实，并不是只有天天才拥有这个好习惯，很多像天天一样大的孩子，他们虽然平时很淘气，是不折不扣的"淘气包"，但是当他们安静下来时，也会认认真真地去看书，这在孩子们的成长过程中是一个必经阶段。大部分儿童在 4 岁半至 5 岁半时，会进入一个"阅读敏感期"，在这个时期他们会特别喜欢听故事、讲故事、自己看书，甚至是自己编故事。一些教育专家也认为："6 岁之前较 6 岁之后更容易让孩子爱上阅读。"

这在成年人看来似乎有点不可理解，因为现在就连成年人也都不怎么阅读了，必要的阅读总是伴随着一定的功利性和实用性。孩子们为什么会如此喜欢阅读呢？这是因为随着年龄增长，他们眼中的世界变得越来越丰富，与此同时，探索欲和求知欲也在不断地提升。相对于日常生活中的场景来说，故事中的场景和人物会让他们感受到另外一种新鲜感，并且伴随着孩子们日益丰富的想象力，书籍好像带他们进入了另外一个世界，这些都会让孩子们感到兴奋，他们爱上阅读也是自然而然的事情。

孩子们的阅读是一种发自内心的兴趣，因此他们会积极主动地去进行、去学习，丝毫不会觉得枯燥和乏味。阅读的兴趣也影响了阅读的效果，通过阅读，孩子们开阔了眼界、增长了知识，观察力、想象力和思维力以及表达能力都得到了发展与提高，这种提高会使孩子们更喜欢阅读。可以说，它们之间相互促进。另外，阅读还可以促进孩子情感、社会性等方面的发展。美国心理学家推孟的一项研究成果表明，有 44% 的天才男童和 46% 的天才女童都是在 5 岁以前开始阅读的。

尽管孩子们的阅读兴趣会受到阅读敏感期的影响，但是并非全都如此，有些孩子对于阅读的兴趣会表现得相对弱一些。这是因为兴趣不是天生的，而是在一定客观环境影响下和一定需要的基础上，通过社会实践形成与发展起来的。孩子在阅读敏感期内对于阅读的兴趣也会受到读物、父母的阅读习惯和周围环境的影响。因此，父母在对幼儿阅读兴趣进行引导和培养时，需要根据他们的心理特点和阅读形成、发展的规律，采用多种方式有意识地培养和激发孩子的阅读兴趣，让他们把阅读当成一件快乐的事情。

对于儿童读物的选择，要清楚地知道他们的思维发展正处于直观形象思维阶段，选择阅读材料应以直观形象的图画材料为主，比如绘本；在阅读时更注重材料的趣味性和画面的生动性；阅读的目的是从阅读过程中获得乐趣；更喜欢重复阅读是因为已经熟悉了其中的内容；喜欢具有人性化、拟人化的童话故事等。因此在给孩子挑选图书时，根据这些特点来挑选孩子爱看的读物。

孩子常常会对读物有自己的要求，他们的需要也容易受环境的影响。例如孩子喜欢看动画片《天线宝宝》，那么他在书店里看到相关的书时，也会爱屋及乌地缠着父母买。只要这类读物内容健康、适合孩子就可以放手让他们来挑选。

为了培养孩子的能力，家长也可以有目的地为孩子挑选一些书，比如想培养孩子的语言表达能力，不妨选择一些诗词、儿歌之类的书籍；想让孩子建立起科学的观念，就可以选择一些内容科学的读物，如幼儿大百科全书之类的。这些不仅能够帮助孩子从小建立起关于周围世界的科学观念，还可以让他们掌握一些科学常识，培养生活中科学的习惯。

面对市场上琳琅满目的幼儿读物，家长要注意选择内容生动、印刷清晰的绘本，这不仅是对孩子视力的保护，也是对孩子心灵的保护。对于孩子来说，他们尤其喜欢那些夸张、奇特、拟人化、趣味性强的读物。

除了为孩子挑选合适的读物，父母自身的阅读习惯和陪伴也是很重要的。现代社会，电子阅读已经逐渐代替了传统纸质阅读，大部分的家长都喜欢用手机阅读，在孩子眼里，看手机就是玩手机，既然手机对爸爸妈妈的吸引力如此之大，我们又怎能要求孩子不玩手机而去阅读呢？因此，家长们应该放下手机，和孩子们一起阅读，这是我们能为孩子做的最简单也是最重要的事情了。而且父母的阅读习惯和规律也会对孩子起到一种潜移默化的影响，在一个学习氛围浓厚的家庭里，孩子会情不自禁地爱上阅读。

与孩子有过共读经历的父母，一定会被这样要求过："再讲一个故事吧。"虽然听后微微有些疲惫，但也一定会感受到孩子当时的幸福。忙碌的社会培育了忙碌的人，每天早出晚归的爸爸妈妈，能陪孩子玩一会儿、聊聊天的时间屈指可数。所以当每天坐在孩子的床边或将孩子抱在腿上共读一本书时，不仅是在分享书中的内容，更是在倾听孩子的心，感受孩子的成长。和孩子一起进行亲子阅读，不仅实现了阅读的价值，赋予阅读更多的意义，同时也让孩子感受到了一种别样的幸福，这或许也是孩子爱上阅读的另外一个动力。

最后，请用孩子喜欢的方式和孩子一起阅读。他们喜欢的阅读方式有以下几种，可供家长们参考。

提问阅读法。带着疑问去阅读，可以提高孩子的阅读兴趣。如讲述故事前可以先让孩子自己先看一遍，然后在讲到某个场景时边读边问孩子，让他们指出画面中出现了什么。他们可能会说错，但是下次就会更加认真倾听。

角色扮演法。当孩子已经熟悉了书中的内容时，爸爸、妈妈和孩子可以分别扮演不同的角色来阅读故事书。如读《托马斯和朋友一定有办法》时，可以让孩子扮演托马斯，妈妈扮演培西或其他小伙伴，然后根据画面上出现的角色，说出各自角色所说的话。这不仅让孩子觉得更有趣，也会让孩子在角色扮演中提升语言表达能力，并提高注意力。

重复阅读法。孩子们经常会对自己喜欢的故事让爸爸妈妈进行重复讲述，反之，家长们也可以让孩子重复。对于多次阅读过的故事，父母可以读出其中的一部分内容，再让孩子看图"读"出另一部分内容。孩子们会在这种"读"故事中获得一种自我实现感，为"我也能读书了"而感到高兴。

想象阅读法。当父母给孩子讲完了某个故事或者某段内容后，可以让他们发挥想象力，说出故事中的人物将会如何发展。如在讲托马斯系列《灯泡碎了》的故事时，当讲到托马斯由于开车太快导致灯泡碎了时，可以停下来让孩子想一想为什么托马斯会把灯泡弄碎了？他可以采取什么样的办法补救呢？孩子们在这样的阅读环境中不仅让想象力得到了提升，创造力也得到了培养。

让孩子爱上阅读，其实并没有想象中那么难。只要时机合适，方法得当，"淘气包"也完全可能会变成安静的"小王子"或"小公主"。

第八节 天空中变幻的云彩

你曾经和孩子一起观察过天空中的云彩吗？对于许多年轻的父母来说，每当我们回忆起自己的童年时，看云彩、数星星似乎都是一些很美好的回忆。这些对于现在正在经历童年的孩子们来说也是一样，天空对孩子们的吸引力总是很大，尤其是当他们看到天空中飘浮着许多变幻的云彩的时候。

天空中的云彩对于孩子们来说是变幻无穷的，它们有时像可爱的小动物，有时像凶狠的怪兽，有时什么都不像——云彩在孩子的眼中是否可爱，是否变化多端，完全取决于孩子们的心情。孩子们不仅善于观察，还会把观察到的景象呈现在纸上。当我们看到画纸上那一团乱七八糟的线条和形状时，孩子会告诉我们哪些是乌云，哪些是正飘过来的像小兔子一样的云彩。在孩子们眼中，看到天空中软绵绵的白云时，他们有时会觉得很像棉花糖，想抓一块含在嘴里；有时想抓一朵白云做成衣服，这样他们就可以飞上天空，去和云彩一起嬉戏了……

不仅是天空中变幻的云彩，许多平常的事物到了孩子们的眼睛里都可以变得很有趣，比如早餐时吃的饼干，它可能就变成了圆圆的汽车轮子；把几个小凳子摆在一起，它就变成了汽车；一堆积木垒在一块儿搭建成了城堡，自己就是住在城堡里的"小公主"或"小王子"；等等。不管什么东西只要到了孩子的眼睛里都被赋予了更有趣的意义，这就是他们的想象力。

通过观察会发现，孩子们的想象力在某个时期会突然发展得很快，他们的想象基本上是一种无意想象，也就是常说的自由联想。他们不再局限于具体的事物形象，而是带有一定的情节，还具有情境性。比如用积木构建了一个游乐场之后，孩子就会把自己想象成游乐场中玩耍的游客，并且还会把爸爸妈妈也想象进去。如果拿着小汽车就当作自己在开车，路上还会遇到交通警察……这些情节都是孩子想象出来的，这让孩子玩得不亦乐乎。

我们还会发现，孩子很容易将想象和现实混淆。比如晚上透过窗户看到对面楼顶上的红色指示灯时，他们就会想象成童话故事里老巫婆的眼睛，从而害怕晚上一个人在房间里，哪怕是拉上窗帘也不行，因为孩子此时的无意想象占主要地位。因为缺乏经验，他们的想象常常与知觉纠缠在一起，把想象当成一种补充感知事物的方式。并且孩子们的表象组合能力特别强，在他们的世界里几乎不存在"不可能"这三个字，因此会将想象和现实混淆。所以在他们的言谈中，也会存在虚构和夸大的成分。

大多数的孩子都很喜欢画画，因为画画是表达内心想法的一种方式。孩子们的绘画作品也反映了他们想象的另外一个特点。有时我们会看到孩子画的人物画里只有头、手和脚，没有一些细节方面的内容；或者头很大，身子特别小，甚至不完整。这些都是因为孩子们的想象内容比较零散，不追求结果。此时孩子想象的目的尚不明确，主题也模糊，他们只满足于想象的过程，而不追求想象的最终结果。或许刚开始的时候是有目的的，比如想画一个香蕉，也想象了香蕉的样子，但是画了几笔之后，发现更像月牙时，就可能会开始想象月亮的形状，转而画上了月亮。

其实这些都不重要，重要的是孩子们已经开始拥有了自己的想象力。这还表现在他们对游戏的喜爱上。家长们总是抱怨孩子除了玩还是玩，但是孩子们玩游戏也是其想象力发展的一个标志，他们在游戏中发挥想象，并且通过想象来满足自己的好奇心，获得想象带来的愉悦感。

　　想象对孩子们的未来影响很大，国际组织曾经对全球 21 个国家的孩子进行调查，发现中国孩子的计算能力排名世界第一，想象力却排名倒数第一，创造力排名倒数第五。可见，想象力和创造力还是很有联系的。不仅是创造力，想象力缺乏对孩子们的日常生活也会造成影响。比如缺乏想象力的孩子会在成年以后的工作中表现得墨守成规，没有主见，虽然工作可能不会出错，但是也不会出成绩。缺乏想象力会使他们不愿意思考，也不愿意克服困难改变现状，最终只能成为温水中的青蛙。

　　大部分人把孩子们缺乏想象力的原因归咎于现行的教育体制，殊不知，这些都可以从小培养和锻炼。想要培养孩子的想象力，我们首先需要知道孩子的想象力达到了何种程度。生活中的哪些行为会暗示孩子的想象力已经成为性格中的短板了呢？不妨对孩子做一个测试。拿出一幅卧着的猫的画像，问孩子猫在做什么？可能会出现三种回答：一种是不知道，一种是睡觉，一种是睡觉、想事情、不舒服了等许多新奇的答案。如果测试是在孩子情绪正常情况下进行的，那么这三种回答就代表了三种不同状态：第一种代表孩子想象力缺乏，第二种代表孩子想象力比较缺乏，第三种代表孩子想象力丰富。您的孩子属于哪一种呢？

　　除了表现在对游戏的态度上，还体现在语言表达能力和思考能力上。想象力丰富的孩子语言表达更加丰富，思维跳跃性也更强，更能准确表达自己的思想，并且善于提出疑问，爱问"为什么"。想象力缺乏的孩子正好相反，他们对一切都表现出不感兴趣的态度，即使别人问他，也多用"不知道"或者不吭声来作答。

对此，家长可以从以下几方面对孩子做出一些引导和锻炼。

第一，常给孩子做一些想象力方面的训练。比如爸爸妈妈在讲故事时可以鼓励孩子猜测下一步将发生的事情。在讲故事的过程中，要有意识地多提些问题，启发孩子多思、多想、多讲，围绕主题尽情想象，把想象的内容、情节用语言表达出来。也可以在日常生活中给出一些简单的符号，一条线、一个半圆、一个圆圈，让孩子根据这些来编故事，鼓励孩子尽可能多地组合一些更复杂、完全不同的故事出来。

听故事和讲故事都是孩子们最喜爱的活动，故事中生动而形象的描述、有趣而离奇的情节、丰富而多变的场景都可以丰富他们的想象能力。而且在听故事过程中，他们借助想象在头脑中重现的形象和情节也会累积在记忆中，以后还会出现在孩子们组合的故事里。这些不但能使孩子形成丰富的表象，还使他们的想象力和语言表达能力得到进一步的提升。

第二，通过各种游戏培养孩子的想象力。游戏能促进孩子想象力的发展，因为他们在游戏中的各种模仿活动都需要丰富的想象力。比如玩积木搭房子，各式各样的房子形状本身就是想象力的体现。家长还可以鼓励孩子拆装废旧物品，"小小维修工"也是他们非常喜欢的一种游戏，通过拆装废旧物品，孩子不仅满足了好奇心，而且动手能力也有所增强。在孩子们摸索着如何将这些玩意儿拼装在一起时，他们大脑中的想象力就开始发挥作用了。

第三，多让孩子做一些脑筋急转弯的练习，鼓励孩子思考时多转几个弯。比如"树上有10只鸟，用枪打下1只还剩几只"的问题，孩子常规回答可能是9只，但是想想其他的小鸟也会被吓飞，所以答案是一只也没有了。不过幼儿园的小朋友可能还会想到更多的答案，比如"这10只鸟里有没有怀孕的""这10只鸟里面有没有聋的"等。这些在成年人眼里不按常理出牌的行为其实是非常可贵的，家长和老师们要注意鼓励和提倡孩子的这种行为。

第四，想象力的培养和发展是长期的。孩子想象力的发展与注意力、观察力、记忆力等方面有很大关系。爸爸妈妈一方面要根据孩子的年龄特点和心理特点采取适合孩子的方法，另一方面也要注意提供条件以此丰富孩子的生活经验。在日常生活中既鼓励孩子充分发挥想象能力，也教会孩子把生活经验融入想象活动中，这样孩子想象的翅膀才会越来越有力量。

关于孩子想象力的发展，我们始终要牢记一句话：答案并不重要，重要的是想象的过程。

第九节　幼儿也有"拖延症"吗

每当送孩子迟到也连累自己上班迟到时，妈妈们总是忍不住抱怨："我家的孩子太磨蹭了，从起床到刷牙，再到吃饭、换衣服，没有一样不让人催的。饭放在嘴里，不催就不知道往下咽……我真是要崩溃了！"这样的烦恼在许多孩子上幼儿园或是刚上小学的家长中非常常见，难道小孩子也会有"拖延症"吗？

"拖延症"是在成年人群里较为普遍存在的一种状态，这是一种非必要、后果有害的推迟行为，通俗一点讲就是做任何事情都比较磨蹭，不等到必须完成时就不会加快速度；这样不仅会给自己造成负担，同时还容易引起焦虑不安等常见的不良心理。虽说在孩子成长的阶段中较少存在什么不得不做的事情，但是"磨蹭"的现象却几乎表现在每一天、每一件事情上。许多家长也会担忧，这样下去，孩子迟早不还是会有"拖延症"吗？

对于孩子们的磨蹭行为，许多家长都表示即使磨破嘴皮，道理讲了一大堆，但还是没有效果，他们依旧是优哉游哉、我行我素，这简直让大人们伤透脑筋。于是，"你快点啊"也成了家长们的口头禅。许多家长更因为孩子的磨蹭而迟到，最终被领导责骂或受罚，这种不良的情绪直接导致第二天看到孩子慢就着急，当催促无用的时候，直接就暴力相向了。如此恶性循环下去，家长和孩子的心灵都受到了伤害。难道面对这样的行为，就没有什么好办法了吗？

既然这个现象是常见的，那么家长们也不用过度忧心，这是孩子成长中的一个正常现象。处于这个时期的孩子，一方面，由于好奇心和求知欲都非常强烈，所以注意力的广度会变得很大；另一方面，他们注意力的稳定性又不够，注意力能够集中的时间既短又容易受周围环境影响，因此他们在从事某一活动时，注意力就很容易被分散，被其他事物所吸引，活动的节奏和速度也自然会放慢。加上孩子年龄小，神经肌肉活动还不协调，这种动作的不熟练也会导致孩子做事情缓慢。孩子做事情的动力和对时间价值的认识也直接影响了他们行动的速度。

除了这些内在的原因，一些外在因素也是造成孩子"磨蹭"的原因。一般来说，大人觉得孩子磨蹭主要是因为没有达到他们期望的速度，其实孩子已经尽力了。但是大人期望的速度通常是建立在成人的节奏上的，这个要求对孩子来说的确有些难。此外，孩子磨蹭是因为大人既没有给孩子充足的时间来完成，也没有足够的耐心去等待。比如许多大人都会抱怨孩子起床慢，但是却没有想过给孩子设置的起床时间是多久。成年人可能 1 分钟就可以完成起床的动作，但是对于孩子来说，他可能需要先想一会儿昨晚做的美梦，需要适应一下现在已经是第二天了，还需要想一想起床后的下一个动作是什么，这些都需要时间。所以当我们用 1 分钟来要求孩子时，他们的确会显得很磨蹭。假如将这个时限延长到 10 分钟，并且在这段时间里让自己保持住耐心，孩子就变得不再"磨蹭"了。事实上，孩子的速度丝毫没有改变，改变的只是大人们的心境。

另外，父母的过度干预和包办也会造成孩子"磨蹭"的心理。同样是早上起床的行为，大部分家长在看到孩子磨磨蹭蹭的行为时，都会一把抓过孩子，帮他穿衣服、收拾东西，甚至还会帮忙洗脸、刷牙、喂饭，这一系列的动作虽然"加快"了他们的速度，但是也会给孩子留下一个印象：慢一点没关系，反正最后妈妈都会帮我做好的。长久下去，孩子不但丧失了加快速度的动力，反而又多了一个磨蹭的理由。不仅加重了父母的负担，也助长了孩子的"磨蹭"心理。

理解归理解，在日常生活中我们还需要想出一些更好的对策，来帮助孩子克服"磨蹭"心理，避免他们长大后衍变成"拖延症"。既然讲道理和反复催促都没有起到很好的效果，那么我们不妨试一下下面的一些方法。

第一，帮助孩子认识到时间的价值。做事磨蹭很大程度上是因为他们还没有时间观念。可以想办法让孩子认识到时间是世界上最宝贵的财富，可以给孩子讲一些关于时间的故事，也可以和孩子一起讨论不珍惜时间的坏处。为了让孩子有时间观念，在日常生活中也可以经常讨论一些关于时间的话题，引起他们的注意。甚至用时间来对孩子的行为做出一些限制，比如当他们起床的时候，就告诉孩子只有10分钟的起床时间，过一会儿再提醒，现在只剩下7分钟了，让他们感觉时间的紧迫性。

当孩子在规定的时间内完成了一件事情或者是提前完成时，要及时给予他们奖励，让他们品尝到因珍惜时间而得到的胜利果实。比如孩子昨天起床、洗脸、刷牙用了15分钟，今天只用了10分钟，就可以告诉孩子，他今天比昨天节约了5分钟，可以用这5分钟奖励他喝一杯果汁。由此，孩子就体会到节约时间带来的好处，也可以更好地激励他们明白时间的价值。

第二，要对孩子多一些鼓励和奖赏，少一些催促。如果父母能够用"你如果再快一点儿就更出色了"来代替"能不能快点啊"，用"你现在比过去有进步了"代替"你今天怎么还是这么慢"等，孩子一定能够感受到这种鼓励。他们会为了不让父母失望，而有意识地提醒自己快一点。即使是孩子没有实质的进步，也可以为他们设置一种虚拟的进步作为激励，比如孩子昨天尝试了10次才把一件事情做好，但是今天尝试了 8 次就做好了，虽然没有达到父母的期望，但是已经进步了。这时我们可以对孩子说："你今天做得真好，昨天我们做了 10 次，今天只用 8 次就做好了。"父母的这种鼓励，一方面加深了孩子对数字的敏感性，另一方面也让孩子明白父母对自己的期许，来自父母的欣赏和鼓励是孩子取得进步的一大动力。当然，父母也可以为孩子的进步采取一些物质的奖励。

第三，让孩子为"磨蹭"行为付出代价。每当家长看到孩子磨磨蹭蹭时，为了让孩子逃避磨蹭带来的惩罚，如因为迟到而遭到老师的批评，就会采取一些辅助的措施，其实这种做法是不正确的。我们可以提醒孩子"再不快点就迟到了"，如果他还是磨蹭，就让他迟到一次，让他亲身体验到因为磨蹭而导致迟到的后果，让他体验迟到时被老师询问和批评的那种尴尬。只有亲身体验，孩子才会切实认识到磨蹭所带来的害处。几次之后，孩子自然就会提醒自己加快速度。

第四，为孩子消除分心因素。孩子磨蹭大多数是因为注意力不集中，被其他事物所吸引。比如孩子进餐的时间可能电视上正好在播放动画片，他们就会边看电视边吃饭，速度也自然慢了下来。这个时候与其责骂孩子，不如下次把进餐的时间提前或者推后，或是直接提前关掉电视机，就避免了因为看电视引起的磨蹭行为。孩子在学习的时候，家长在旁边打电话，或者不时地去嘘寒问暖，这样都会干扰到他们的注意力，让孩子有了拖延的理由。在孩子学习时，要尽量为他们创造一个较为安静的、不受干扰的环境，即使是做家务，也要尽量减少不必要的声响。

第五，提高孩子做事情的兴趣。兴趣是最好的老师，许多孩子往往因为对所做的事情没有兴趣才产生拖拉、磨磨蹭蹭的现象。比如有些小孩早上不想上幼儿园，他就会对所有的准备工作有所排斥，比如洗漱、穿衣都很磨蹭。假如你告诉他，今天我们去动物园玩，他的速度可能比大人们都快，反而会转过来催大人，这就是兴趣带给孩子做事的动力。所以，要想提高孩子做事的速度，先提起他的兴趣，比如为了让孩子乖乖地去幼儿园，我们可以告诉他们幼儿园比家里更好玩的一些事情。也可以采取一些激励措施，让他们对所做的事情变得积极主动起来。

总而言之，"磨蹭"不是孩子的错。任何孩子在幼年期发生的不良行为，父母都负有不可推卸的责任。面对一个做事磨蹭的孩子，发脾气于事无补，它只会让孩子变得更加手足无措。因此在面对孩子时，请多一些耐心，多一些包容，多一些引导，为了孩子的健康成长，一切都值得。

编者后记▶

对于3～6岁的幼儿来说，许多家长认为把孩子送到了幼儿园就是老师的责任了，因此总会对幼儿园有诸多的挑剔。有些父母甚至会为了孩子上哪一个幼儿园提前一年开始考察，为了孩子能够上一个好一点的幼儿园而花费大量的人力、精力和财力。在"不要让孩子输在起跑线上"这种观念主导的现代社会里，这一切本无可厚非，但很多时候我们却恰恰忽略了家庭——父母本身应担负的责任。在孩子踏入幼儿园的那一刻起，我们不能否认幼儿园这种集体生活带给孩子的影响，但是更不能否认在孩子3～6岁的另一个成长关键期内，家园共育才是最好的选择。没有一个老师会比父母更关注孩子的成长，所以，我们要随时关注孩子每一个细小的变化，而这些变化的背后都是孩子心理的成长。为了让世界在孩子的眼里变得更加丰富多彩，请每一位爸爸妈妈都尽心尽职——做孩子最好的老师，陪伴孩子健康快乐地成长。

Part 4

少儿期（6～9岁）——我是一名小学生

6～9岁的孩子，大多处于小学一年级到三年级的阶段，虽然他们尚未完全从幼儿园小朋友的角色中转变过来，却不得不背上小书包开始接受系统的文化知识的学习。如果说幼儿园时期，爸爸妈妈的目标还停留在让孩子吃好、玩好的层面上，那么到了小学，多数家长都把重点转移到了学习上。

与此同时，我们也会发现，随着年龄的增大，孩子们的思想也变得越来越丰富，但是自控能力和自我调节能力还比较弱。如上课做小动作被老师批评，自己喜欢的小朋友不和自己玩，等等。这些都会影响孩子上学和学习的兴趣，如果不加以引导则容易演变成心理问题，并且会影响孩子以后的生活。

第一节　我要上小学了

从幼儿园到小学，孩子无论是生理方面还是心理方面都面临着一个转折。一方面是年龄的增长，让他们有了"我长大了"的自豪感；另一方面是环境的改变，让他们内心产生了不安感。孩子们不知道的是，比起"长大了"和"换学校"，他们还需要面对一个潜在的心理变化，那就是角色的转换——从幼儿园小朋友到一名小学生。

根据不同地域学生生源情况的不同，孩子们进入小学的时间也会不同。在我国大部分地区，孩子进入小学的时间是 6 ~ 7 岁之间。每年到了开学的 9 月份，各个地方的小学门口都挤满了来报到的小学生。有些孩子的脸上写满了欣喜，有些则耷拉着脑袋，更有一些拉着爸爸妈妈的手哭哭啼啼，不愿意去学校。但是无论怎样，他们最终都要走入校园，成为一名小学生。对于孩子上了小学后的各种表现，有些家长或许会感到焦虑，但其实有些事情在孩子入学前我们就可以开始做了。

诚如上文所说，这个阶段是孩子生理和心理的一个转折期，所以父母必须提前重视，让孩子的内心对"我要上小学了"的概念有个清晰的认识。首先，必须承认的是，无论是孩子还是大人，在面对陌生的人和环境时，内心都会产生不安感。而孩子由于所知有限，加上处理情感的能力还比较弱，他们在面对这种变化时，内心的不安会表现得更加明显，这是父母需要注意的。不过，我们也不要忽略孩子此时已经长大，他们需要更广阔的空间和更丰富的知识去满足他们日益增长的求知欲和好奇心，也需要用即将获得的知识和能力来满足他们进一步独立的需求，而这正是孩子们顺利完成角色转换所必备的基础。

对此，家长首先要做的就是激发孩子对于"我要上小学了"的期待和兴趣。作为过来人，父母们都了解小学和幼儿园是两种不同的环境。从学习方式上来说，幼儿园以游戏为主，而小学以课堂教学为主：在幼儿园里，小朋友们一般没有固定的座位，但是小学有；幼儿园里有许多玩具，连老师的教具都充满了乐趣，小学却只有"冷冰冰"的黑板和投影仪；幼儿园里的每个活动环节都很短，而且没有明显的上课、下课时间，但是到了小学，学生们必须严格按照上课、下课时间来调整自己的作息习惯；幼儿园里没有作业、考试，但在小学这些都是必备的学业考察方式；在幼儿园里，老师都是充满耐心的，对于小朋友提出的问题，他们会不厌其烦地解答，和小朋友相处就像是"家人"，但是小学老师则不同，他们的主要任务是教学，而且面对的学生要比幼儿园多得多，他们甚少有精力照顾到每一个学生；还有家长和老师们面对孩子时期待的改变……而这些都会引起孩子们短暂的不适应。

对于这种环境的改变，家长有必要让孩子提前有一个心理准备。可以在适当的时候提醒和告知孩子，幼儿园与小学是不同的，但是千万不要用一种消极的方式，比如"吓唬"，当看到孩子早起拖拖拉拉时——这对于幼儿园的孩子来说很常见，就抱怨："看你现在还慢慢吞吞的，上了小学就等着迟到吧，迟到了老师可是会批评的。"面对孩子的无理取闹，有些家长甚至吓唬道："我现在是管不了你，等你上了小学看老师怎么收拾你吧。""你这样不听话，老师和同学怎么会喜欢你呢？"诸如此类的话，这似乎是给孩子加了一道无形的枷锁，"小学真的有这么可怕吗？""老师很凶吗？"的想法，就会很容易让孩子形成一种"先入为主"的想法，加深孩子因为环境改变而引起心理不安。

正确的做法是这样的：在孩子即将进入小学之前，可以提前带孩子到要上的小学附近去熟悉一下学校周围的环境。上课时，虽然不能带孩子进入校园，但是可以让孩子从外面观察学校里的情况，并且和孩子一起讨论它和幼儿园的不同，比如问问孩子："你看到教室里的哥哥姐姐了吗？他们在干吗呢？"——借此让孩子了解小学生都是在课堂上学习的；当下课铃响的时候可以告诉孩子：只有听到铃声响，才可以从教室里出来，这是学校的纪律，就像是在幼儿园里如果要打断老师讲话必须要举手一样。如果是在放学的时候，经过校方允许，可以带孩子参观学校的操场、器材室、图书馆等，让孩子明白小学生的世界比幼儿园要丰富多了。这在无形中，也让孩子产生了对成为一名小学生的向往。

除了带着孩子熟悉校园的环境，还可以找一些小学生和孩子玩一会儿，让孩子了解小学生在运动、读书、写字或者其他生活方面的能力，当孩子感受到自己能力不足时，就可以告诉孩子，哥哥（姐姐）之所以这么棒，是因为他们是小学生。只有长大了，才能做小学生，也只有上了学，才能证明自己长大了。这样在孩子的心里，永远都会有一个"我长大了"的愿望，这个愿望也会帮助他们克服许多可能遇到的困难。

总而言之，对于即将步入小学的孩子来说，在帮助他们熟悉小学环境之余，多和他们聊一聊上学的好处，通过积极的心理暗示来影响孩子对成为一名小学生的期待，这是很有必要的。

在顺利激发了孩子对于上小学的期待后，接下来要做的就是帮助孩子形成良好的生活自理能力和交际能力，这不仅有助于孩子顺利度过小学生活，还可以培养孩子的自信心，增强孩子对成为"小学生"的自豪感和荣誉感。

对于家长来说，孩子入学需要准备很多，比如知识方面的：许多家长会在孩子上小学之前，就给孩子上幼小衔接班，让孩子提前学一些小学要学的知识，避免"跟不上"。但是有的家长往往容易忽略一个问题，那就是孩子学习发展的程度通常与他们的心智能力是相关的，如观察、比较、分类、归纳、概括、想象、表达以及逻辑思维等能力，每个孩子的发展是有差异的，而且大部分的孩子并不是通过简单的知识学习就能够改善的。与之相比，孩子的自理能力以及社会适应能力则显得更为重要，这些直接关系到孩子们在集体中生活，能否获得老师和同伴认可，也关系到孩子的自尊心。

有些家长可能听说过，孩子到了小学后，因为上课憋不住小便尿裤子而遭同学耻笑，从此不愿意上学的事例，事实上，这对于初入小学的孩子们来说并不少见；有的孩子因为没有养成按时作息的习惯，出现上学迟到、上课打瞌睡等现象，从而引起老师的批评；有的孩子因为不懂得与人交往，在学校被其他孩子孤立；等等。这些都会给孩子造成心理伤害，进而影响到孩子上学的兴趣。

因此，家长应该尽早地培养孩子生活自理和交际方面的能力。对于每一个孩子来说，能力不是与生俱来的，也不是到了适当的年龄就自然而然形成的，这些都需要在实践中去锻炼和培养。对于自理能力来说，父母需要根据孩子自身发展的特点，让孩子去尝试做一些力所能及的事情。小学不像幼儿园那样，吃喝拉撒睡都有老师照顾，许多事情都要求孩子自己去做，比如课间上厕所，热了脱衣服，鞋带开了自己系，渴了自己倒水喝，等等。这些都需要平时在家就不断地进行锻炼和培养，否则一时之间是做不好的。

此外，良好的作息习惯也非常重要。小学和幼儿园不同，午休时间变短，但是早上起床的时间却提前了。孩子如果不能很好地适应这种变化，就会出现赖床、上课打瞌睡等现象。所以家长在晚上要及时敦促孩子早点休息，必要的时候给孩子买一个小闹钟，和孩子一起制定一个作息时间表，对时间进行管理。这样不仅有助于孩子生物钟的形成，而且也是对孩子自律能力的一种锻炼。

由于小学过的是集体生活，而这对小孩子的吸引力之一便在于可以有更多的玩伴。因此，人际关系是否和谐也会影响到孩子对学校的兴趣。对此，在平时的生活中，家长也要注意引导孩子养成一些良好的交际能力和习惯，比如对人要有礼貌，听人说话时要专心，别人说话的时候不要打断，和小朋友要学会分享、谦让等。这些都会帮助孩子在学校里拥有一个"好人缘"，增强孩子的自信心，让他更加喜欢学校。

家长们要记住，上小学是一件再自然不过的事情，也是一件充满自豪感的事情。只有父母如此认为，孩子才有可能这么去做。

第二节　无法集中的注意力

也许你在很久以前就已经注意到了孩子注意力的问题：正听着故事，却已经拿起小汽车在玩了；新买的玩具还玩不到两分钟，马上又被别的东西给吸引过去了……这些小细节在孩子小的时候你可能不会很在意，随意批评两下也就过去了。等他们上小学以后，就不能再那么简单地对待。且不说每次家长会被老师告知"孩子注意力不集中"，单就对孩子的学习成绩就足以使父母们忧心忡忡了，此时的"无法集中的注意力"再也不是批评不批评的事情了。

这个问题，并不仅仅关系到孩子的学习成绩，而且对孩子以后的生活也会造成很大的影响。对于每一个人来说，注意力都是其智力结构中很重要的组成部分。孩子注意力不集中，轻则对学习提不起兴趣，造成学习成绩差，重则对每一项行为都缺乏自制力，做事情也会三心二意，半途而废。如果在孩子低年级时，我们对这些现象都不加注意，不采取纠正措施，长此以往，就会形成一种坏习惯，使孩子对任何问题和事物都无法进行深入的思考，从而变得头脑简单，行为幼稚。这些将会严重伤害到他们的自尊心，也会使孩子一事无成。对于这个问题，家长们不得不重视起来。

然而重视归重视，但首先是需要对孩子注意力不集中的问题有一个清楚明确的认识。

注意力不集中，对于幼儿园或低年级的小朋友来说是一件再正常不过的事情，因为这是他们身心发展的规律所决定的。由于孩子们的大脑神经系统尚未发育完善，因此他们的注意力集中时间也是非常有限的。心理实验证明：5 ~ 6 岁孩子的注意力，可以维持 15 分钟左右；7 ~ 10 岁孩子可以维持 20 分钟左右；10 ~ 12 岁的孩子可维持 25 分钟左右；13 岁以上的孩子可维持 30 分钟左右。这些时间无论是相对于 40 分钟的课堂，还是课下过于繁重的作业，无疑都太短了。

除了生理方面的原因，还有一些客观因素会影响到孩子们的注意力。比如：不适应上课方式的改变，尤其是对于刚入小学的新生。和幼儿园的游戏教学模式不同，小学后的教学主要是在课堂上进行的，并且要求孩子们遵守一定的课堂纪律，这对于天性爱自由的孩子们来说，的确会显得拘束了些，从而会产生不自在，也就无法投入老师所讲的内容，这样就容易导致注意力不集中；老师的授课方式对孩子注意力的影响也比较大，有些老师上课教具比较丰富，上课生动有趣，孩子的注意力就容易集中，反之授课枯燥乏味的老师则不容易让孩子集中注意力；孩子们天生精力旺盛，也容易被周围的环境所吸引和刺激，这样也会让他们在课堂上坐不住，爱做小动作、说话等；有些孩子是因为得不到老师和同学的关注，故意在课堂上用说话或者是做出怪异行为来获得关注；或者是因为老师在课堂上教授了与学生接受程度不符的内容，如内容过难或者过易时，都容易造成孩子注意力不集中。

此外，饮食和疾病方面也会造成孩子注意力不集中。俗话说"病从口入"，对于幼小的孩子来说，食用过多的零食也是造成他们注意力不集中的罪魁祸首之一。零食由于需要长时间的存放，其中添加了许多的防腐剂、添加剂，还有咖啡因等，这些都会导致孩子注意力的缺失。在疾病方面，对孩子注意力影响较大的是多动症。其实除了多动症之外，抽动症、轻微的脑组织损伤、脑内神经递质代谢异常、听觉及视觉方面的障碍都会影响到孩子的注意力，而这些病症有些时候并不是很明显，所以也经常会被父母忽视。

当然，还不能排除家庭方面的因素。如果抚育人本身缺乏耐心，凡事三分钟热度，对孩子过于宠爱，为孩子购买过多的玩具或是书籍，将孩子学习的地方布置得过于花哨，家庭活动过多等，这些都会让孩子感到无所适从，变得浮躁、无法集中注意力。对于孩子来说，越简单越好——前提是有父母的陪伴。

苏联教育学家苏霍姆林斯基曾经在《给教师的建议》一书中说："注意力好比是一根根无形的'缰绳'，要能控制孩子的注意力，就必须要懂得儿童的心理，了解儿童的年龄特点。"在家庭教育和学校教育并重的今天，这句话同样适用。当听到老师说或者看到孩子注意力不集中时，不要马上怒火中烧，而是冷静下来认真去了解孩子注意力不集中的原因，结合他们的生理和心理特点，对种种注意力不集中的情况去对症下药，一点一点帮助他们克服。同时，还可以辅助一定的训练帮助孩子提高注意力。

孩子注意力不集中的情况，大致分为以下几种，不同的情况需要不同对待。

第一种表现是因缺乏兴趣而引起注意力不集中。对于这种情况，家长们只需要想办法调动起孩子对所做事情的兴趣就可以。如果是课堂上的老师，可以通过改变教学的方式，换一种孩子们喜欢的方式，寓教于乐地去吸引孩子的兴趣；如果是在家里，父母可以通过一些有趣的形式，如竞赛、精神奖励等唤起孩子的兴趣。当孩子做作业心不在焉时，爸爸可以通过和孩子一起比赛做作业的方式，让孩子迅速集中注意力完成作业。或者告诉孩子，如果能在 15 分钟内把作业做完，可以去踢足球等。其实，这些方法是多种多样的，目的只有一个，就是调动起孩子的兴趣。

第二种表现是由于受到约束而导致注意力不集中。对于孩子来说，活泼爱动是他们的天性，一旦被约束则很容易引起身体的各种不适，无论是生理还是心理都会迫使他们局促不安，无法集中注意力。这主要表现在有纪律约束的课堂上，对此家长在平时可以多和孩子讲一讲：为什么要遵守纪律，课堂为什么要有纪律，不遵守纪律的危害和后果等，引起孩子的重视。平时在家时，爸爸妈妈也可以和孩子玩一下"我来做老师"的游戏，除了可以让孩子巩固在学校所学的知识外，更重要的是让他们在这种模拟的课堂中感受到纪律的重要性，从而增强课堂上遵守纪律的意识。

第三种表现是因为没有得到关注而导致情绪低落，注意力不集中。老师一般都碰到过这样的情况：当在课堂上提出一个问题时，教室里的气氛突然变得很热烈。孩子们争先恐后地举起手，嘴里还喊道"我，我！"但是老师却只能让一个人回答，这时老师可以明显地感受到其他孩子的失落。他们甚至为了抢下一个发言的机会，而没有心思去听发言同学的回答了，更不会去思考别人说的对还是不对。这可称为故意的注意力不集中，和注意力不集中造成的后果是一样的。对此，老师要创设出多种表现的机会给孩子们，同时以恰当的方式给予孩子关注，比如告诉孩子应该认真倾听同学的回答，在不完善的地方还可以补充发言等。对于孩子们的回答，不管是对还是错，都要给予积极性的评价，这对于提高孩子的积极性，增强课堂注意力都会有很大的帮助。

引起孩子注意力不集中的原因还有许多，我们尤其要关注到背后的心理原因，这样才能更好地解决。还有一些小技巧可以帮助孩子提高注意力，比如练习数豆子、搭积木、玩木头人的游戏等，或者上课时，让孩子看着老师的脸，提醒自己跟着老师的节奏走，用语言不断提醒孩子集中注意力，在学习的时候桌上不要放与学习无关的东西，学习用具不要太花哨，环境要安静等，这些都可以起到很好的效果。

总而言之，教育是一种慢艺术，对于孩子不能集中注意力，只要家长和老师有足够的爱心和耐心，根据孩子的心理特点给予恰当的引导，好习惯总会慢慢养成的。

第三节　上学是一件很累的事情吗

　　对于年龄比较小的孩子来说，经常会上一段时间学后就不愿意去了，有时候还抱怨道："上学太累了，我不想上学。"是因为学校的功课太累了吗？其实在国家关于小学生减负的规定逐步实施后，现在的他们已经比父母辈们上小学的时候要轻松多了。排除一些客观上可能存在的因素外，可以把目光转移到孩子的心理层面上。

　　有一个名叫乐乐的同学，今年 8 岁了，秋季开学的时候刚从外地转到现在就读的小学。乐乐原本生活在一个县城里，那里有他熟悉的朋友和同学。后来由于乐乐的爸爸考上省城一家单位的公务员，妈妈决定把家搬到省城，随后她在一家私企找到了工作。然后，他们把乐乐安排在一所不错的小学就读。爸爸妈妈由于忙着适应新工作，没有太多精力关注乐乐，对乐乐表现出的不开心，并没有很在意。他们认为，乐乐可能是怀念之前的同学，过一段时间适应了新的环境后就好了。但是没过多久，乐乐彻底"罢学"了。他每天回来都向爸爸抱怨，上学很累，他不想上学了。爸爸有点纳闷，以前上学从来没听他说过累。于是，爸爸和乐乐一起谈心，乐乐告诉爸爸，以前有些时候他也会感觉累，但是很快就好了。但是到了新学校后，无论他怎么努力去适应，但还是感觉累。同时妈妈也发现，乐乐放学回到家里后，总是一副无精打采的样子，有时写着作业或是看着动画片，就能睡着了，还开始变得爱说梦话，胡言乱语。孩子在以前的学校并没有这样的现象。妈妈不禁纳闷：乐乐这是生病了吗？

爸爸妈妈都很担心乐乐，于是他们抽出时间专门带他去医院做了全面的身体检查。检查结果显示，乐乐的身体很健康。对此，爸爸妈妈更加纳闷了：乐乐这是怎么了呢？

或许乐乐父母遇到的情况，很多父母都曾遇到过。看着孩子因为上学而变得疲惫、忧郁，父母有时甚至觉得比孩子还累。那么，上学真的是一件很累的事情吗？

首先，需要从孩子的体力上来进行考虑。如果担心孩子是因为体力不支而感觉累的话，不妨抽出一天的时间带孩子到游乐场去玩一下。这时我们会惊讶地发现，孩子们的精力比大人还要旺盛：当我们已经精疲力竭，不想再走时，孩子依然兴致勃勃地玩这玩那。由此可见，孩子胜任小学阶段学习任务的体力完全是没有问题的——当然，前提是需要保障没有多余的事情来耗费孩子的体力。

还是以孩子在游乐场玩耍为例，一个心情始终愉悦且游玩顺利的孩子，他的精力完全大于一个心情不好、每个项目都要央求半天才能玩的孩子，即使是对于同一个孩子来说也是如此——不同的情况下精力也是不一样的。这个道理同样适用于上学。正如上文所说，按照孩子生理发育的阶段来讲，他们应对现阶段的学习完全没有问题。但是孩子在上学的过程中却可能会遭遇到很多其他耗费精力的事情，比如对陌生环境的紧张而产生不适，因原生活节奏被打乱而不得不重新适应新节奏，对新学习模式的适应，新环境下的人际关系，等等，这些都会耗费孩子很大的精力，以至于"上学"对于他们来说，会变成一件很累的事情。对于上述案例中的乐乐来说就是如此。乐乐即使已经有了一段时间的小学生经历，但是在新城市、新学校、新环境下，乐乐无论是从生活习惯还是人际关系上，都需要重新去适应，在学习任务没有改变的情况下，他当然会感觉到累。这一点，乐乐的爸妈应该也深有同感。

其次，从孩子的心理方面进行考虑。随着现在的孩子接触事物的渠道和广度的改变，他们的心理成长速度已经不能用以前的标准来衡量，他们的童年再也不像以前那样无忧无虑，他们开始变得有些多愁善感。对于小学低年级的孩子来说，他们并不善于进行自我评价，评价自己的方式还停留在通过他人的评价才能完成的水平。因此，他们会特别在意别人对自己的评价，包括父母、老师和其他同学。一般来说，受同学欢迎、老师喜欢、家长又比较开明的孩子，都会更加喜欢上学，而且也不会觉得上学是一件很累的事情。反之，有些孩子则会努力去做出一些"改善"，以便"迎合"那种"好孩子"的标准——根据皮亚杰的儿童认知发展阶段理论，此阶段的孩子正处于道德他律阶段，关于"好"与"坏"的认知主要来自周围人的评价。这些改变由于包含一定的压力，所以比较容易让孩子感觉到累。

由此，可以判断出，不管孩子是因为消耗过多的精力而感到劳累，还是因为有心理压力，归根到底这都会影响到孩子对于上学的兴趣，也会影响孩子因为上学而获得的快乐和满足感。所以，为了让孩子不再如此，家长和老师可以根据孩子的典型心理特征来帮助他们调整好心态，轻轻松松去上学。

孩子们对于不熟悉的环境，总是好奇心与不安感交织在一起。其实，我们完全可以利用好奇心去缓解这种不安感。不管是对于成人还是孩子来说，熟悉的环境和节奏可以给人带来安全感，而安全感是做其他事情的一个基本保障。孩子尤其需要这种安全感，为了获得这种安全感，我们可以化被动为主动，带着好奇心主动去了解陌生的环境。比如在进入新环境之前，父母可以主动带孩子去熟悉新环境，发掘新环境和以前的旧环境的不同之处，并从正面暗示孩子这种改变的积极之处。因为这些是孩子没有接触过的，他们会比较有兴趣。这样不仅增加了孩子对环境的熟悉度，同时也缓解了他们因为陌生而产生的不适。

对于即将改变的学习和生活节奏，要相信孩子的适应能力。有一句俗话叫作"习惯成自然"，孩子会觉得不适应，会感到累，都是因为这件事情还没有成为一种习惯，而习惯是可以慢慢培养的。当孩子需要面对新的学习和生活节奏时，我们既可以提前刻意地改变来让孩子体验一下，并逐步接受，也可以在孩子接触到改变之后，一点点地引导他去适应。比如，一般假期结束刚刚上课，孩子会很容易感到累，这时就可以提前一周让孩子恢复到上学的节奏上来，或者开学后，通过逐步恢复假期前生活和学习节奏的方式，让孩子慢慢地调整过来。

这里需要注意的就是，在帮助孩子适应节奏时一定要科学，注意劳逸结合。不能因为要适应而忽略了孩子其他心理特点。比如孩子一般都比较贪玩，自制力也比较差，他们在结束了一天紧张的校园生活后，回到家中一般都希望出去玩一会儿或者是看会儿动画片，许多父母都会觉得只有做完作业或是温习完功课才可以放松。为什么一定要按照这种节奏呢？对于已经受了一天约束的孩子——他们有些时候在学校里都没有好好地玩，因为有些学校出于安全的考虑，在课间不允许孩子在楼道里进行很剧烈的活动。此时，他们只有完全放松地玩一下，才能恢复活力。所以，科学的节奏和适应方式非常重要。

同时，针对新环境下人际关系和他人评价带给孩子的心理负担，可以利用"好孩子"心理，通过给孩子贴一个"好孩子"的标签，来帮助孩子积极地认识人际关系。在此，必须强调的是，父母对于孩子要有一个"合理的期待"。合理的期待是指不能过高也不能过低，过高会给孩子造成心理压力，也会让孩子在父母的眼里变得"一无是处"，过低则不利于孩子认识自己，无法激发孩子的上进心。家长的"合理期待"有助于孩子得到来自父母的比较全面和公正的评价，这些相比较老师和其他同学的评价显得更为重要。如果你认为你的孩子很自信，他就会很自信地去面对任何人和事，在接受老师和同学评价时，就会倾向于往积极的方面去理解，反之亦然。这就是"好孩子"标签的暗示作用。

事实上，"上学是一件很累的事情"会不同程度地发生在每一个孩子的身上，这就是成长的烦恼。也只有经历了这样的成长，孩子们的心理才能发育得更加完善。

第四节　分数不能说明一切

　　大多数的家长心中都有一个"望子成龙""望女成凤"的梦想。或许是教育制度使然，或许是多年来的"一考定终身"观念影响太深，当孩子们陆续上了小学之后，父母们在一起聊天的话题中也开始越来越多地出现"分数"这个字眼。每逢考试结束，看着拿在手中的成绩单，很多孩子也是"几家欢喜几家愁"。

　　分数真的那么重要吗？当父母们过度关心孩子的分数时，其实，孩子的内心大多是反感的，尤其是成绩不理想的孩子。美国教育家斯宾塞也曾经说过："身为父母，千万不能太看重孩子的考试分数，而应该注重孩子的思维能力、学习方法的培养，尽量留住孩子最宝贵的兴趣与好奇心。绝对不能用分数去判断一个孩子的优劣，更不能让孩子有以此为荣辱的意识。"尽管成绩单上的分数是对孩子上一阶段学习成果的检验，但是它却不能全面衡量出孩子的发展和进步。因此，分数不能说明一切。

　　对于低年级的学生来说，他们的学习成绩并不像我们想象中的那么真实。当然，这并不是指孩子考试作弊，而是因为在这个阶段的学习成绩——考试分数中有许多干扰因素。

　　首先，许多孩子在进入小学学习之前，都过早接触了小学才学到的内容。由于小孩子就像一张白纸，因此对最初接触的知识记忆非常牢固，而且现在的学校教育都是从"零基础"开始的，也就是说，所有的知识都是要到上小学一年级以后才开始学习。在这样的情况下，可以毫不夸张地说，至少在三年级以前，孩子的学习成绩多少都是有一些"啃老本"的因素存在。

其次，每一个孩子的发展都是有差异性的，但也有共性。比如小学低年级的孩子由于感知能力发育还不成熟，他们总是倾向于掌握事物的整体，而忽略一些比较精细的地方，因此会比较粗心；这个时期孩子的记忆总是没有明确的目的性，属于一种无意识的记忆，因此背诵能力会比较强；孩子们富于幻想，总是容易被大千世界里一些形形色色的事物所吸引，所以注意力不易集中，容易走神；等等。这些都是低年级孩子们所具有的共同特点，但是表现在不同的孩子身上，也会有一些区别。比如有些孩子的感知能力发育比较好，但是注意力不集中；有些孩子的记忆力好，但是比较粗心……正是因为这些共性和差异性的存在，导致孩子们的考试成绩体现的不一定是真实的学习和发展状态。

说到底，分数只是检查孩子学习情况的其中一种方式，是老师、家长和孩子了解自己学习成果的一种渠道和手段，在孩子这一阶段的表现中只能起到参考作用，并不能成为唯一的标准。所以将分数看成一切，甚至把它当成对孩子进行亲疏宠责的依据，是十分不可取的，这不仅会直接伤害孩子幼小的心灵，也会将孩子推向一个"为分数而学习"的误区，使之最终成为一个"高分低能"的牺牲品。

家长们与其关心孩子的学习成绩和考试分数，倒不如关心一下影响这些表象的真实因素——学习习惯和学习态度。对于刚入小学，一切还未定性的孩子来说，这时候和他们谈未来，谈社会的激烈竞争都是多余的。一个孩子只有养成良好的学习习惯，树立正确的价值观，在今后的学校生活中，才有可能做到真正的"学习"。

关注孩子的学习习惯和学习态度，首先要从孩子自身的实际出发。比如上文中说到的记忆能力好但是粗心的孩子，首先要明白孩子的长处在哪里，劣势在哪里，通过一些辅助的训练，如玩"找碴儿"游戏，可以让孩子的感知能力得到进一步提高，克服粗心的坏习惯；孩子记忆力比较好，可以多安排一些诵读类的学习内容，不仅能增强孩子的记忆能力，也能让孩子在此类的学习中获得自信心。对于孩子每次的学习成果，不能只把眼光停留在分数上面，也应该多看看孩子出现错误的原因是什么。如果是因为学习中的坏习惯引起的，那么就要着重检查孩子是否改掉了这种坏习惯；如果是因为超出了孩子以往的学习内容而错，就多去拓展孩子的知识面，增强举一反三的能力。总之，从孩子自身的实际出发，就是从孩子身体和心理的发育状况出发，从关注孩子每一个细小的变化出发。这不仅是对孩子学习习惯和学习态度的关注，也是对孩子以后发展的关注。

其次，应该树立长远和全局的观念。在孩子所有的学习中，兴趣占据着很大的因素。因为兴趣是孩子们做一切事情的动力，但是他们的兴趣也具有不稳定性，还经常会出现一些奇思妙想。从孩子的长远发展来说，这都是非常不错的，说明孩子具有创造性。而且孩子的各种能力发展都是相互影响的，不一定学习好一切都会好。比如有些孩子虽然学习成绩一般，但是对待同学很有爱心，在学校里人缘也很好，因此他们就会经常接触到一些学习好的小朋友，耳濡目染，慢慢地，从他们身上学到了不少好的学习习惯，学习态度也会发生改观——这种情况在现实生活中并不少见。所以，在孩子的发展中，一定不能短视，也不能用一种片面的眼光去看待孩子的整体发展。

阳阳是一名小学三年级的学生，学习特别努力，因为他有一个非常严厉的爸爸。一次期末考试结束后，阳阳忧心忡忡地回到家里。一进门，爸爸劈头就问："多少分？"阳阳试着和爸爸解释说："爸爸，其实我考得还可以，就是……"爸爸原本以为会听到考得不错的回答，但一听到他这样说，浮现在脸上的笑容马上消失得无影无踪，面部僵硬地打断阳阳的话，厉声问道："我不想听'就是'，你只需要告诉我结果！有没有考过 90 分？"

阳阳很不安地告诉爸爸："我除了数学，语文和英语都在 90 分以上。数学题有点难，我考了 85 分。"爸爸一听不高兴了："有点难？那你们班有考 90 分以上的吗？"阳阳点了点头。"那人家怎么没有觉得难呢？自己不努力还找借口，你这样子以后怎么考重点中学啊。考不上重点中学能考上重点高中吗？不上……"爸爸又开始了无休止的长篇大论。

阳阳心里非常不满，但也无可奈何。他很想向爸爸说明，数学成绩低是因为有一道题目可以不用老师讲的那种方法，答案不是唯一的。虽然老师没有认可他的答案，但是却表扬了他爱思考的好习惯。但阳阳知道如果把这事告诉爸爸，爸爸说不定还会批评他自作聪明，也会认为他是在狡辩。他清楚地记得，上次就是因为他的解释，结果爸爸不但不认可，还暴打了他一顿，说他没有上进心，就知道狡辩。对此，阳阳觉得爸爸的眼里只有分数，没有他这个儿子。"到底是分数重要，还是我重要呢？"阳阳有时真的很想问一问爸爸。慢慢地，阳阳变得越来越不爱学习了。

我国著名的教育家陶行知先生曾经说过："小心你的教鞭下有瓦特，你的冷眼里有牛顿，你的讥笑中有爱迪生。"在阳阳爸爸的严厉教育下，中国说不定就少了个"爱因斯坦"。如果换一种比较公正的眼光来看，阳阳不但很有上进心，同时还非常乐于思考。这种学习态度，对于一个只有 9 岁的孩子来说是难能可贵的。如果阳阳的爸爸能够用长远的眼光来看，他会发现自己的孩子其实比其他同龄孩子还要优秀，因为他热爱思考；如果阳阳的爸爸能够用一种全局的眼光来看，他就会发现阳阳绝对不是学习态度的问题，要不然其他科成绩怎么就能考好呢。但是当眼睛被成绩单上的分数所蒙蔽的时候，很自然就忽略了原本关注的重点——孩子发展的本身。

　　每一个孩子都是天真纯洁的，他们也都有着积极向上的态度，他们用努力去换取生活中的每一点变化，不管是否能够化作成绩单上增长的一个小小分数，他们还是会去拼搏和坚持，这就是孩子的自尊心。所以，当我们因为分数而忽略了孩子在成长道路上所做出的努力时，他们理所当然地会感到沮丧。而此时作为父母，已然是失职了。

第五节　打架背后有原因

在孩子经过了最初对学校生活的适应后，在家长们觉得一切已经步入正轨的时候，如果此时学校突然传来"孩子在学校打架了"的消息，这时除了担心，家长们还会有一些什么样的感想呢？

一诺的妈妈在这件事情上比较有发言权——一诺从小到大就是个"惹事精"，小一点的时候，有家人看着还好。上了幼儿园后就开始"无法无天"了，经常和小朋友们打打闹闹，因此，一诺没少挨老师的批评，连带妈妈也要经常去赔礼道歉。尽管这样，一诺在幼儿园的人缘还是比较好的，许多和他打过架的小朋友，也因此成为好朋友，这多少让一诺的妈妈心里有点安慰。一诺妈妈总觉得：孩子现在还比较小，不能控制自己的行为，长大点慢慢就好了。

去年秋季，一诺到了上小学的年纪，在妈妈的精心安排和陪伴下，一诺在一个学期后基本适应了小学生活。在这期间，一诺表现得还算是不错，至少没有因为打架而让妈妈去学校——这也是一诺妈妈最担心的事情。但正当一诺妈妈心里偷着乐时，她接到了老师的电话："一诺妈妈，请你到学校里来一下，一诺和别的小朋友打架了。"

听到这个消息，一诺妈妈头皮都麻了，心想这孩子怎么又犯老毛病了啊。她请过假之后火急火燎地赶到了学校，看到一诺和一个男孩，还有一位男士，应该是男孩的家长，都坐在老师的办公室里。两个男孩的脸上都挂了彩，一诺的额头上鼓了个大包，那个小男孩的嘴角则带着血丝。看到那位学生家长一脸的愠怒，一诺妈妈顾不上心疼一诺，赶紧问老师是怎么回事。原来在上节课课间玩耍时，一诺和小刚本来只是推推搡搡，路过的老师制止了他俩，但是一转身，小刚就趁一诺不注意推了他一把。一诺的额头碰到了墙角，起了个大包。因此，一诺还手打了小刚一拳，把小刚嘴角打出血了。班主任徐老师告诉一诺妈妈和那位孩子的爸爸，这两个孩子平时课间也总是喜欢这样子打闹着玩，老师已经批评了好几次了。这次两人都受伤了，家长回去好好教育一下吧。

听后，一诺妈妈和小刚爸爸都觉得很不好意思，互相道了歉，各自拉着孩子回去了。将一诺带出校门后，妈妈再也压制不住内心的怒火，冲一诺嚷道："和你说过多少次了，在学校不能和小朋友推着玩，那样多危险啊！你怎么就是记不住！"听到妈妈的训斥，一诺伤心地哭了，一诺妈妈也是又生气又伤心。

这样的场景可能许多父母都经历过，尤其是男孩子的家长。即使没有经历过，也会回忆起自己小时候在学校打架被家长训斥的场景。大多数家长在面对孩子打架时，都会因为孩子的"惹是生非"而感到很生气。但是我们很少会想到，孩子打架的背后其实是有原因的——这个原因无关对错，而是一种对人际交往模式的探索，是一种孩子之间的交流方式。

说到人际交往，作为成年人的我们，大多想到的都是彬彬有礼、你来我往。但是谁又规定了人际交往就一定得是这样的模式呢？尤其是对于思维发展还处于"自我为中心"的孩子来说，他们只可能站在自己的立场上去考虑问题，根本不可能考虑到他人的感受。对于他们来说，"不打不相识"是一种最简单的交往模式：我想和你玩，就推你一下，你再推我，我们俩就是在一起玩。至于推搡可能会引起的后果，他们更不可能考虑到。在生活中，这也是我们经常看到的一幕，许多经常在一起打架的孩子们，最后反倒成了好朋友。

对于孩子之间的争吵打闹，首先要排除道德上的认识。为什么大人们看到孩子打架后第一反应就是批评呢？这是因为传统的道德观认为，打架是一件不好的事情，所以打架的行为就会被定性为"坏"事情。再去区分参与打架人的孰是孰非。尽管到最后我们会发现似乎谁都没有错，或谁都有错。事实上，孩子们之间的争吵打闹和成年人的性质是完全不一样的，在他们看来，那就是一种游戏，在这其中他们可能会翻脸，但是转眼又会烟消云散。更何况，这个时候孩子还处于道德他律的阶段，他们自身是没有道德意识的。所以，成年人也没有必要将其上升到一种道德行为，去批评、教育他们，因为这样也无济于事。就像上述案例中徐老师说的那样"已经批评了许多次了"，即使批评了也不会改正，因为"以自我为中心"的孩子们是不会站在别人的角度去思考问题的。

其次，对于孩子之间的争吵打闹要学会用"平常心"去对待。既然这是他们探索人与人之间交往的一种方式，那么争吵打闹就是一种很自然的现象。尽管所引起的冲突在成人的眼中意味着关系的破裂，但是在孩子们身上，这种状况就完全变了。孩子们在打闹的过程中会发现自身的力量，也会了解他人对自己的态度，如果他把别的小朋友打哭了，就会知道别人是因为疼痛而哭泣，而这种疼痛是自己带给他人的，因此，受伤害的小朋友拒绝与他交往时，接下来他就会调整自己的行为。所以，从某种意义上来说，打架反倒能够促进孩子们心理的成长。

在这一点上，动物界的交流模式也可以给我们一个很好的启示。小狮子们在年幼的时候总是喜欢在一起撕咬，这时候狮子爸爸和狮子妈妈总是悠闲地躺在一边，仿佛没有看到一样。有些小狮子因为自己的力量比较弱就会被咬出血，但大狮子却不干涉。小狮子们就在这样的打斗中锻炼生存技巧，一步步走向独立。作为人类，我们应该也如此，不能总是干涉孩子们的成长，虽然以父母的力量可以帮他们解决许多矛盾和问题，也可以帮他们化解一些冲突，但是孩子却因此而丧失了许多生存锻炼的机会。或许我们更应该向狮子学习，放手让孩子用自己的方式处理问题。

不过，在对孩子进行放手时，并不意味着面对孩子们的打架行为就可以完全放任不管，任由其发展。不干涉的前提是当事人双方不会产生严重的身体伤害或者是危险，反之，则需要进行必要的制止。面对孩子们的打架行为，我们要如何处理呢？其实最好的办法是让孩子们自己去解决。即使是我们已经出手制止了这种行为，但也不要用成年人的方法代替他们去处理。当孩子平静之后，可以引导孩子站在对方的立场上去设想和考虑，试着去理解对方，最终达成谅解。"以儿童教育儿童，以儿童感化儿童"，这正是瑞士著名儿童心理学家皮亚杰提出的一种用以处理孩子之间冲突的教育思想。皮亚杰认为，孩子们只有彼此之间发生了冲突，才能更加认识到他人意见或者地位的重要，才能了解自我和他人的区别。学会尊重和理解他人，学会调节自己的言行以适应群体的生活规范。这对于孩子从"自我为中心"的状态中解脱出来有着积极的意义。

孩子的成长避免不了磕磕碰碰，也避免不了打打闹闹，只要能够正确认识到孩子打架行为背后的原因，尊重和理解孩子的行为，打架又有什么大不了的呢？

第六节　孩子为什么在妈妈面前很沉默

随着孩子一天天地长大，我们会逐渐发现，以前一放学回来就围着妈妈转的"黏人"小孩不见了，他们开始变得寡言少语。妈妈刚开始还可以用"孩子长大独立了"来安慰自己，但是当孩子在另一个家庭成员面前表现出亲昵和话多时，妈妈的心灵则会受到一些伤害：孩子为什么和我不亲了呢？

在生活中，许多孩子都会有一个共同的表现：随着年龄的增长，他们开始与爸爸妈妈不再那么亲昵，交流也变得很少。但许多家长会认为，这是伴随着孩子成长必然会出现的一种现象，因此也没有很在意。的确，孩子随着年龄的增长，独立意识也越来越强，他们开始希望有自己独立的空间，有自己的秘密，所以有时候会刻意地把父母排除在外。但是对于9岁以前的儿童，这种状态多少有些不正常，因为他们的独立意识还没有发展到这种地步，尤其是当孩子的"不亲"只表现在个别家庭成员身上时，如妈妈或者爸爸身上，这就更加需要注意了——这极有可能是"缄默效应"。

"缄默效应"是一种常见的心理学效应，是指人们在面对外界的强制时，虽然会在表面上表示服从，但是内心却充满了抵触情绪。这使他们在日常生活的言行中会尽量地避免说或者做一些可能引起"统治者"情感上不快的话语，因此会让正确的信息传播受限。简单地说，就是在面对自己抗拒的人时，会选择挑好听的或者是不说话来掩饰内心的不满，同时避免自己受到对方的伤害。一般来讲，"缄默效应"

常常发生在工作场合中，当员工因为犯了错误害怕威严的上司责罚时，面对领导的询问就会保持"缄默"，这虽然会让领导因为得不到正确的信息而产生损失，但也避免了给自己带来的伤害。

这种情况在成人的世界里比比皆是，但是如果真正发生在孩子身上时，就不得不引起父母对自己行为的反思。月月是一个8岁的小女孩，从上幼儿园开始，妈妈就开始一手操办她的生活起居，无论是接送幼儿园，还是带到兴趣班学习，妈妈一直任劳任怨。虽然对月月很严厉，但是妈妈却都是为了她好。最近妈妈发现月月开始和自己不亲了，问她什么，她都是很敷衍地回答一句。比如月月放学后，她与妈妈的对话是这样的："今天在学校开心吗？""嗯。""晚饭想吃点什么呢？""随便。""月月在房间里做什么呢？""看书。"听着女儿和自己对话像陌生人一样，妈妈顿时觉得有些寒心。接下来发生的事情更是让妈妈心凉到底：月月听到爸爸下班进门的声音，马上兴奋地从屋里跑出来，飞奔扑进爸爸的怀抱，并拉着爸爸的手开始说起学校里发生的事情。都说"女儿是妈妈的贴心小棉袄"，为什么月月跟妈妈不亲呢？这让月月妈妈又伤心又委屈。

如果月月妈妈能够明白女儿对她的不亲行为，其实是一种"缄默效应"的话，就应该反思一下自己的行为了。不要觉得"缄默效应"只会发生在成人身上，在孩子的世界里也会常常发生，只是有时候没有引起父母的注意。孩子总是最简单的，他们对人的态度也取决于别人对他们的态度，比如谁对他亲近，他就会自然地想要亲近谁。俗话说"严父慈母"，但是现在却反了过来，"严母慈父"更为流行，妈妈在生活中往往承担了孩子更多的教育责任。因为有责任所以才更为严格，这在孩子的心里，就会对妈妈形成一种情感上的抗拒，促使他们慢慢地不愿去亲近妈妈。

因此，这个问题解决的关键，其实不在孩子身上，而是在大人身上。无论采取什么样的方式解决，首先需要弄清楚的是，孩子产生这种行为背后的原因，并以此检视是否是自己行为失当。

孩子在父母面前沉默的原因是多样的，不一定是和父母不亲，也有可能是因为孩子的语言表达能力不足。每个孩子的语言表达和逻辑发展能力都是不一样的，有些孩子发展得好，回到家可能就会和父母滔滔不绝而有条理地讲述学校发生的事情，但是有的孩子则不会说，因为他们表达不完整，索性就不想表达了。对于这种情况，父母可以通过孩子日常说话的能力来进行判断，同时加强对孩子语言表达能力的训练。

孩子在父母面前沉默，也有可能是因为孩子性格内向。孩子的性格并不是一成不变的，他们很容易受到环境和外界因素的影响。许多孩子在幼儿期天真烂漫，活泼开朗，慢慢长大之后，就开始有自己的思想，变得沉默寡言，不善言谈，将沉默作为他们与人交往的方式。或者一些表达能力不强的孩子，因为一些不好的遭遇，比如遭同伴耻笑留下心理阴影，导致他们在父母面前也开始变得内向，不愿意多说话。对于出于后天原因而变得内向的孩子，父母应该多倾听孩子的心声，以此引导和鼓励孩子勇敢地表达自己。

孩子在父母面前沉默，也有可能是因为他们心里正在想着别的事情，也可能是沉浸在其他的情绪中，以至于对父母的话语总是"充耳不闻"。由于孩子的思维比较发散，注意力也不容易集中，所以当妈妈问到晚上吃什么饭的时候，他可能会思考半天，可能会想起上次在外面吃大餐的场景，也可能会想到上次因为说妈妈做的饭不好吃，而遭到爸爸妈妈的批评，又或者还停留在今天把铅笔弄丢了的愧疚中。不管是何种情况，孩子都可能会对妈妈的问话表现沉默，这是因为孩子的内心在体验着其他新的思想或者是情感，这对孩子的成长具有积极的意义。所以需要父母耐心等待和观察，必要时也可以亲切地询问，引导孩子的思绪回到正在讨论的问题上来。

以上便是导致孩子变得沉默的原因，虽然从表面上看是和妈妈不亲了，但是孩子内心对妈妈的情感其实没有多大的变化，所以父母只需要从孩子的心理和行为方面进行引导即可。其实，真正引起孩子对父母产生"缄默效应"往往是以下这些行为。

对孩子实行高压政策，动辄打骂、讽刺挖苦。孩子在这个阶段是自尊心发展最重要的时期，父母的语言暴力往往会严重伤害到他们的自尊心，导致他们对父母充满了惧怕、不信任。因此，当父母在孩子的心目中具有一定的危险性时，孩子就会对父母产生厌烦和躲避，具体表现就是尽量不与父母多说话，不向父母吐露心声。遇到这种情况时，父母伤心或者发脾气都是于事无补的，只会加重孩子内心的不安，造成孩子的无所适从。此时不妨冷静下来，认真反思自己的行为，并逐步改正。用真诚和宽容让孩子明白，父母对他们有不变的爱子之心。

脾气暴躁，遇事不问青红皂白，让孩子缺乏安全感。一般来说，孩子会因为内心恐惧而用沉默来应对，这种恐惧可能来自父母本身的行为，也可能是孩子遭遇到了令他们害怕的事情。对于孩子来说，父母永远都是最好的避风港，但是有些父母却因为脾气比较暴躁，遇到事情比较冲动，以至于孩子无法将自己害怕的事情讲出来。这两种不安的情绪交织在孩子的心里，让他们变得"有口难言"。因此，父母在和孩子谈话的时候，要尽量保持语气温和、轻柔，如果发现孩子有什么不对劲时，要耐心地开导，一点点引导孩子将内心的话说出来。如果孩子不愿意讲，父母也不要勉强他们，要学会尊重孩子。

表现出"不爱"孩子的行为。天下有不爱自己孩子的父母吗？很多父母可能会说没有，但是在孩子的眼里有。比如自己出去玩却不带孩子的父母，一下班不是玩电脑就是看手机而不陪孩子的父母；总是"哄骗"孩子的父母；不尊重孩子的父母；强制孩子的父母；等等，这些都会被孩子们理解为"不爱"。孩子内心是最为敏感的，当有人真正发自内心地去照顾他们，关心他们的心理变化，耐心地陪伴他们成长时，他们认为这才是"爱"。而对于孩子们来说，更愿意和"爱"他们的人亲近。

爱孩子，就用孩子喜欢和接受的方式。只有这样，孩子才不会在你面前沉默；只有这样，才不会破坏父母与孩子之间那份天然的亲近感。

第七节　孩子爱说谎话怎么办

当孩子一天天长大时，在他们身上出现的问题也会越来越多。其中，说谎是让大人颇为头疼又恼火的一个问题。孩子这么小就开始说谎话，不诚实，长大了还了得？因此，面对孩子的撒谎行为，父母们少不了批评责怪孩子，也迫切需要了解孩子说谎的原因和应对办法。

对于孩子的说谎行为，父母其实大可不必过度忧心，也不需要一味地批评责备。我们不妨先来找一找孩子说谎的原因。

快9岁的甜甜是一个非常可爱的小女孩，乖巧懂事，深得全家人的喜爱。但是她也有一个小毛病，就是爱说谎。比如有一天，甜甜一个人待在家里玩的时候，因为想要拿到桌子顶部的一个布娃娃，不小心把书架上的一个花瓶碰掉摔碎了，甜甜很担心会被爸爸妈妈批评，于是她看着小花猫想到了一个好主意。等爸爸妈妈一回来，甜甜马上把妈妈拉到摔碎的花瓶面前告诉妈妈："妈妈，妈妈，我今天正在卧室看书的时候，突然听到一声响，出来一看，花花（小猫的名字）正蹲在花瓶原来的位置上，而花瓶已经掉地上摔碎了。"看着旁边"喵呜喵呜"叫着的花花，妈妈有些将信将疑。

还有一次，甜甜在广告上看到一个小女孩帮妈妈洗碗，于是她也想帮妈妈洗碗。趁着妈妈在书房看书时，甜甜跑进厨房拿起一个干净的碗在洗碗池里洗。突然，"咣"一声，甜甜手里的碗掉在了地上。妈妈闻声赶过来，看到她正一脸愧疚地站在那里。过了一会儿，甜甜小声地告诉妈妈："妈妈，我们老师说了，今天回来要观察一下碗的形状，然后写在日记里。我只见过碗完整的形状，但没有见到过碎了之后的样子，所以刚刚拿起碗，它就破了。"说完，甜甜担心地看了看妈妈。

类似这样的行为，甜甜已经发生了好几次。其实，妈妈也知道甜甜是在说谎，但是并没有直接拆穿她的谎言，而是和她说了一些其他事情。妈妈通过聊天的形式得知事情发生的真相。妈妈也经常告诉甜甜，不要说谎话，诚实的孩子最可爱，自己做错了事情就要有勇气去承担过错。每次听后，甜甜都认真地点点头，表示自己记下了。

可是过了几天后，甜甜还是会说谎。她会因为想要在外面玩一会儿，而告诉妈妈作业在学校已经完成了；作业没有写完，第二天到学校她会告诉老师作业本落在家里了，直到妈妈被叫去开家长会才知道。面对甜甜的说谎行为，妈妈简直无计可施。

上面的故事在生活中也比较常见，甚至就发生在自己家的孩子身上。甜甜虽然爱说谎，但其实她没有恶意，只是害怕受到批评和责备。即使妈妈告诉甜甜说谎话是一件不正确的事情，但甜甜还是忍不住担心，所以依然会选择继续说谎。由此可见，大多数孩子说谎其实都是被动的。这时期的他们还处于"好孩子"的道德标准阶段，在内心深处希望自己永远可以得到别人的表扬，做别人眼中的好孩子。所以当他们做出一件与"好孩子"标准不符的事情时，就会找一些借口或者理由去掩饰发生的错误行为，并借以逃避来自外界的惩罚。

也有些时候，孩子们说谎是因为他们想给自己不合理的行为找一个合理的借口。比如孩子明知道偷偷地将别人的东西拿回家的行为是不妥当的，但是由于他们以"自我为中心"习惯了，所以觉得任何东西哪怕是别人的，都可以先拿回家玩玩。与此同时，来自父母长久以来灌输的道德思想，又让他们觉得偷拿别人东西是不合适的。于是他们就开始说谎：可能会告诉爸爸妈妈，今天在学校交了一个好朋友，他们俩还互换了玩具，并得意地拿出来给爸爸妈妈看。孩子说得合情合理，父母很难不相信这不是真的。孩子不合理的行为在一个谎言下就变得合理起来，同时他们也不用担心爸爸妈妈会让自己把东西还回去了。这就是孩子说谎的初衷。

还有些时候，孩子们说谎可能是因为他们没有很好地将现实和想象区分开。一个刚刚 6 岁的小男孩对来家里做客的小姐姐说，上周爸爸带他去了一个超级大的动物园，里面不仅有狮子、老虎，还有非洲象、热带雨林，他们还看到了花蟒蛇。孩子的妈妈在一边听后忍俊不禁，这明明就是他们周末做的"逛动物园游戏"。不过看着孩子说得绘声绘色，妈妈也不忍心拆穿他。后来，那位小姐姐满脸羡慕地央求爸爸妈妈带她去。等到姐姐走后，妈妈对小男孩说："孩子，你刚才和姐姐说的是真事吗？我们上周并没有去动物园啊。""可是爸爸说了，我们就是在'逛动物园'。"听了孩子的回答，妈妈也无语了。她知道孩子是把想象和现实混淆了。这样的事情发生在年龄较小的孩子身上，还是很正常的，由于他们的想象力很丰富，而现实生活中有时候又得不到满足，就容易把"臆想"当真。如果孩子是因为这种情况而受到批评的话，孩子的内心是不是就会觉得委屈呢？

说谎产生的原因是多样的，说谎行为的发生也是正常的。由美国和英国的科学家组成的一个研究小组通过实验发现，孩子说谎也存在一定的积极意义。说谎的孩子为了让自己的谎言更合理，他们往往需要调动更多的逻辑能力和语言创造能力去编织谎言，因此在某种意义上说，他们会比一般的孩子更加聪明。说谎更像是孩子的第二天性，不过，即使如此，我们仍然不提倡或鼓励孩子说谎，必要的情况下，还是需要对孩子进行一定的引导，让他们的聪明更好地发挥在其他的地方。

关于孩子的说谎行为，父母需要区别对待。对于孩子的非故意撒谎行为，比如上述现实与想象混淆的情况，我们可以顺着孩子的思维去引导他们的合理想象，并且最终将这种想象引入现实，让孩子明白现实和想象是有区别的。以上文中的"逛动物园"为例，妈妈可以一边跟随孩子的想象回忆动物园里的场景，一边提醒孩子"这个可以有吗？""大蟒蛇会不会下来咬人啊？"这时孩子可能就会发现自己正在想象，这时妈妈可以告诉孩子："我们这个周末去动物园怎么样？看一看咱们这里的动物园和你所说的动物园有什么区别。"这样，孩子很容易就会从想象中走出来。

对于孩子因为逃避惩罚而产生的说谎行为，父母可以先反思一下，是不是因为自己以往对他们犯错时存在失当的行为，如打骂，这会导致孩子因为害怕受到惩罚才说谎。如果有这样的行为，我们就需要先向孩子承认自己的错误，并且告诉孩子，勇于承认自己的错误才是最勇敢的。即使孩子真的犯了什么严重的错误，我们需要明白，孩子毕竟是孩子，没有什么是不可以原谅的。棍棒是解决不了问题的，只会迫使孩子下次想办法逃避惩罚。

如果孩子用说谎给自己的行为找合理借口，需要明确让孩子知道，他们其实这样做更不合理，可以让孩子尝试着想出真正合理的方式。比如当孩子拿了别人的玩具谎称是自己捡的时候，爸爸妈妈可以让孩子站在别人的立场上去想一想：如果你心爱的玩具丢了，你会不会伤心啊？你丢玩具的心情就是另外一个小朋友此时的心情。我们不能把自己的快乐建立在别人的痛苦之上，对吗？因为孩子们的同理心都是很强的，很容易就由己及人。但是他们也会因为特别想将别人的玩具据为己有，而拒绝同情别人。这时候爸爸妈妈也可以引导孩子通过合理的途径获取自己喜欢的玩具，比如帮爸爸妈妈做家务赚取零花钱，或者是生日礼物的期盼，等等。孩子们的心思总是既单纯又直接，同时自我控制力也很弱，所以就需要父母好好地引导。

最后，为了避免孩子在说谎的路上越走越远，我们还需要以身作则，给孩子提供一个良好的成长环境。不管工作有多忙，都要安静下来多与孩子谈谈心，倾听孩子内心的想法，让孩子在一个充满关爱的环境中健康成长。

◤编者后记▶

伴随着孩子的成长，家长和老师的责任不是越来越轻，而是越来越重。当看到孩子背上小书包可以独自走进校门时，我们眼里的孩子已经长大了——这不仅是孩子成长的自然现象，同时也是孩子的心理需求。面对长大的孩子，家长一方面内心感到欣慰，另一方面却不舍得放手，还是会把他们当成小孩子看待。这种矛盾的心理同样会表现在我们的行为上，一方面不像小时候那么时时刻刻去关注孩子，另一方面却还是不放心地凡事任由他去做。以至于孩子在需要关注的时候，却没有得到我们的关注，需要尊重的时候，也没有得到应有的尊重。在这种矛盾交织下，孩子时而焦虑，时而沉默，时而对上学没有兴趣，时而会对父母的过度干预产生反感。这些都将不利于孩子的健康成长。很多时候，我们总是按照自己的想法去安排孩子的道路，但却忽略了孩子真正需要的是什么。

对于初入小学的孩子，一切看似很简单，却又有着千丝万缕的联系，孩子心里的每一个细小的变化影响着他们对周围事与人的评价，反之，又影响着他们心理的成长。而这一切都和孩子的心理发育有着密切的关系。"世界上没有完全相同的两片树叶"，孩子更是如此。没有一个人的教育经验可以复制在自己孩子身上，我们唯一需要做的就是，从内心真正地去关注孩子、尊重孩子，让孩子在爱与自由中快乐地成长。

Part 5

孩童期（9～12岁）——小小少年烦恼多

9～12岁是孩子儿童期的最后一个时期，他们从懵懂开始走向真正的自我独立。如果说9岁之前的孩子还比较听话，那么过了9岁就会明显感觉到他们仿佛在一夜之间长大了，有了自己的思想，凡事开始倾向于自己做主，言语中开始越来越多地出现"不""我认为"等有着强烈自我意识的词汇。同时，随着大脑的逐步完善，孩子们的学习难度也在增加，伴随着他们身体和心理上发生的诸多变化，小小少年开始变得有烦恼了。

第一节　请尊重我选择的权利

9岁以上的孩子大多数已经进入了小学中年级或者高年级，随着他们记忆力和思维发展水平的提高，学校和社会对他们的学习内容也做出了调整。许多孩子开始感到学习困难，甚至还有厌学的情绪，于是家长们开始单方面地为提高孩子的学习成绩买各种辅导书、报学习班等。而孩子们，则从心底非常排斥父母这种做法。

龙龙是一个9岁的男孩，今年下半年他将进入小学四年级学习。但是在三年级下学期时，他的成绩开始出现下降的趋势。和很多同龄的孩子一样，龙龙上了各种各样的学习班。虽然龙龙爸妈原本排斥这些辅导班，但知道孩子的成绩下降后，毅然决定再给他报3个学习班：英语、奥数和绘画。前两个是小学生一般都会选择的科目，绘画是因为妈妈觉得龙龙的耐性有待提高，所以希望通过学习绘画让他安静一些。刚放暑假，龙龙还没有得到彻底的休息，早上就被妈妈叫了起来。龙龙对妈妈说："我不能再睡5分钟吗？我真的很累呀！"妈妈以为龙龙是偷懒，果断地拒绝了他的要求。于是可怜的龙龙假期过得比上学还要惨，每天早出晚归。

一日，龙龙在去上学习班的路上看到公园里一群小男孩在踢足球，他非常羡慕。龙龙请求妈妈说："妈妈，我今天可以不去上学习班吗？你给我放一天假吧，我想踢足球。""不行，已经报班了，怎么能说请假就请假，你看见人家在玩，你怎么没想想你玩的时候，人家可能在学习呢？不要再说了，快点走吧！"本来对上学习班就很厌烦的龙龙，这下也开始执拗起来了，站到路边任凭妈妈怎么叫也不走，妈妈气得伸手就准备打他。岂料龙龙直冲着妈妈喊道："你们给我报这些学习班，征求我的意见了吗？尊重过我选择的权利了吗？"说完，扭头哭着跑开了。后来，妈妈费了半天的劲才拉住龙龙，把他带回了家。

"你们尊重过我选择的权利了吗？"这不仅是龙龙的抗议，更是许多和龙龙一样的孩子的心声。孩子们一般到了高年级阶段，老师都会要求他们在课下多读一些名著。为了响应老师的号召，妈妈便带着10岁的珍珍去书店买了《论语》《孟子》《钢铁是怎样炼成的》《安娜·卡列尼娜》等中外名著，在选这些书之前，妈妈并没有给她选择的机会，在付账的时候，珍珍小声地对妈妈说："妈妈，能不能给我买一本杨红樱的《女生日记》啊，我好想看。""那是什么啊？听都没听过，不要看一些乱七八糟的书，没有用的。妈妈给你选的都是世界名著，对你有好处的。"听后，闷闷不乐的珍珍只好跟着妈妈回到了家。在妈妈的监督下，珍珍每天都会看十几页的名著，但是她真的一点兴趣也没有。其实，珍珍好想和妈妈说："请尊重我选择的权利。"

家长和老师们或许会认为，替孩子选择的都是为他们好的，孩子在这个时候还没有明辨是非的心智能力，所以代替他们做选择也是很正当的。但是这种想法看似正当合理，却忽略了一个最重要的因素：我们面对的是一个有思想的群体——随着孩子们一天天长大，他们独立的不仅是身体，还有思想，以及强烈的自我意识。在心理学家皮亚杰看来，随着孩子们在认识上进入抽象思维时期，他们的思维也不再受具体的经验或者客观世界的限制，父母或者老师的要求也不再是他们遵从的对象，相比之下，他们更愿意相信自己的判断，哪怕不够正确。

与孩子们突然觉醒的强烈自我意识一起产生的，还有不断增强的自尊心。这个时期的孩子对"我"特别看重，以至于他人稍不留意就会使孩子产生一种不被尊重的感觉，并因此产生强烈的逆反心理。这种状况尤其易发生在孩子与父母之间。受中国传统思想的影响，许多父母都愿意把孩子当成是自己的私有财产，让你往东就往东，让你往西就往西，以"为你好"为借口，强加许多自己的想法在孩子身上。这样的行为如果发生在年龄较小的孩子身上，他们的反抗可能会比较少，但是对于有着自我意识和强烈自尊心的大孩子来说，他们会认为这是一种极大的不尊重，因此从心底会产生一种反抗的意识。这种反抗有时表现在语言上，有时表现在行为上，但总归来讲都是不配合。这种不配合不仅表现在对父母为自己安排的事情上，还表现在对父母所有的建议上，哪怕是正确的建议。

比如在上文的案例中，对于大多数孩子来说，他们都在学习英语、奥数，还有阅读一些名著。这些真的不合理吗？如果这个建议来自孩子们所喜欢的老师，估计结果就大不一样了。许多孩子在家中不听爸爸妈妈的，但是对于老师交代的事情却很积极，比如一位语文老师给学生布置了暑假诵读《国学经典》的任务，孩子一放假就缠着爸爸妈妈去买《国学经典》。这就是明显的态度对比，这值得父母好好反思一下自己。

就像成年人在每一个阶段都有不同的心理需求一样，孩子们在成长的过程中也会有自己的心理需求。对于 9 ~ 12 岁的孩子来说，他们正处于心理发展的敏感期，从懵懂走向独立，从看重他人的评价开始转为自己对自己的评价，意识到自己是一个独立的个体，也期望着自己可以像爸爸妈妈、老师等成年人那样变得"强大"，想要自己的事情自己做主，有许多理想，但实现起来似乎又非常遥远。这时候他们就会迫切希望得到自己喜欢的人，比如父母或者老师的肯定，这种肯定像是促使他们前进的动力一样，帮助他们摆脱成长中的烦恼，一步步地走向他们期待的未来。

明白孩子心里所想，做父母的就会明白自己有多么"自私"和粗心。因此，面对孩子"请尊重我选择的权利"的呼喊时，作为父母至少可以从以下几点来改进自己的行为。

第一，站在孩子的角度考虑问题。每一个成年人都是从儿童逐步成长起来的，在自己的成长过程中会积累许多有用而可靠的经验，这些经验可以帮助他人，却不能代替他人成长，尤其是我们的孩子。每一个孩子都是独立的个体，他们有自己的思想，也有自己的需求，他们只对自己感兴趣的事情上心。所以作为父母，不要认为自己想的就一定是孩子想的，自己感兴趣的孩子就一定会感兴趣。多与孩子谈谈心，知道孩子心里想的是什么；在与孩子有关的事情上，多听一听孩子的意见，并以他们的意见为主；对于孩子提出来的问题，可以帮助他们分析，但一定不要直接否定。孩子的人生就让他们自己去体验，作为父母能做的就是陪伴。

第二，教会孩子选择，尊重孩子的选择。每一个人都有自己选择的权利，孩子有了自己的意识后，我们应该主动地多为孩子提供选择的机会，让他们在选择中明白世界的丰富多彩，明白任何事情都不是只有唯一的解决方式，让他们在选择中发现自己真正的兴趣所在。在孩子做出选择之后，试着去理解孩子的选择，尊重孩子的选择，必要的时候还可以陪着他们一起做出他们的选择。无论是成功还是失败，都让孩子明白选择的背后意味着勇气和责任，让他们以自己探索世界的方式独立成长。

第三，关注孩子成长，不以分数定好坏。没有哪个父母愿意承认自己的孩子比别人的差，父母赋予孩子生命，是为了让孩子感受到生活的乐趣所在，而不是为了自己所谓的面子。所以当孩子分数没有别人高时，并不意味着自己的孩子就比别人的差。每一个孩子都是不同的，他们都有着自己的闪光点，学习不好但是才艺了得，没有运动天赋但是有艺术感知力，即使哪一项也不突出，但是只要孩子身心健康，就一定不会比别人差。更重要的是，孩子的成长需要被尊重和被支持，越是成绩差的孩子就越需要，这是激发孩子们奋发向上的原始力量。

第四，多肯定，少批评，给孩子留面子。大人们不要觉得小孩子还不懂得什么是面子，事实上，在他们自尊心觉醒的那一刻，他们就明白了成年人所谓"面子"的意义。孩子们刚刚成长起来的自尊心都是很脆弱的，因此他们需要许多的肯定来维持。在孩子的成长过程中会不可避免地犯错误，但不管是有意的还是无心的，父母在批评孩子的时候都要先去弄清错误背后的原因，先肯定孩子好的一方面，满足他们需要被尊重的心理，再温和地指出孩子的不足之处，这时孩子们就会比较容易地接受所犯的错误和批评。不过，无论是温和的还是严厉的批评，请记住都不要在公共场合，或者是当着别人的面进行，这会严重伤害到孩子的自尊心，伤了他们稚嫩的面子。

尊重是一种态度，更是一种行为。在日常生活中，父母们学会尊重孩子选择的权利，就迈开了尊重孩子最重要的一步。

第二节　送一面镜子给女儿做礼物

如果你家里有一个正在读小学高年级的女孩，会不会发现她的身上正发生着某种变化？会不会发现孩子每天早晨在镜子前的时间越来越长，对自己所穿的衣服也越来越挑剔，总是喜欢将自己打扮得漂漂亮亮的，甚至会在妈妈不在家的时候悄悄地涂抹妈妈的化妆品？对于孩子的这种变化，你是喜还是忧呢？

不管是女孩还是男孩，父母都有着同样的担忧。他们会越来越在意自己脚上穿的鞋子是不是够白，发型是不是够帅，外套是不是今年的最新流行款？他们会因为不想穿一件旧棉袄而忍受着寒冷穿上自己认为帅气的夹克，他们也会因为自己今天的衣服不好看而难过得连学都不想上。现在的孩子这么早就已经知道了"臭美"——这真是一件令父母们无比头疼的事情。

相较于国外的小学生，中国的孩子还算是比较"收敛"了。据国外媒体报道称，现在国外很多五六年级的女生几乎都是带妆上学，有些女孩甚至书包里整日带着成套的化妆品，方便课间补妆。媒体采访这些小女孩，她们的回答是大家都化妆了，如果自己不化就显得很土。看来，爱打扮已经成为普遍发生在各国小学生身上的事情了。

尽管如此，父母们依然做不到"见怪不怪"。许多家长对于孩子爱打扮的行为还是持有强烈反对的意见，尤其是女孩子的家长。有些保守的父母甚至会认为，小女孩过分地打扮或者化妆是一种很不庄重的行为，会引起别人不好的评价。但也有些开明的父母认为，孩子爱打扮是一件好事，说明孩子比较注重自己在他人眼中的形象，这说明孩子具有一定的审美意识。

孩子为什么会特别注重打扮呢？是"爱美之心"还是"虚荣心"使然？我们并不能轻易下定论，这需要慢慢地来了解一下。

首先，可以从了解孩子进行自我评价的方式入手。许多父母可能会发现这个时期的孩子，尤其是女孩子，对照镜子情有独钟。她们特别喜欢照镜子，并且会仔细地端详镜子中的自己，对着镜子做出各种各样的表情，孩子的这种行为或许会让成年人很不理解。其实她们是在通过镜子观察自己，观察自己的相貌和别人的有什么不同，是美丽的还是不美丽的，做出不同的表情时，面部器官又会发生什么样的变化。对孩子来说，这实在是一件新奇又神秘的事情。孩子正是在这种观察中一步步认识自己，了解自己。

与来自他人的评价不一样，孩子对自己的评价和认识总是带有某种"自恋"的情结，他们会对镜中的自己百看不厌，同时感受到生命——自己的生命的神奇，为了让生命呈现出最完美的样子，他们开始变得爱打扮自己。所以说，爱打扮首先是孩子对自己的认可。俗话说"爱美之心，人皆有之"，孩子也不例外，当他们打扮后不仅可以带给自己美的愉悦，还能引起他人的侧目时，孩子们就会情不自禁地爱上打扮。

其次，爱打扮来源于青春期的性别认同心理。对于心理普遍比较早熟的孩子来说，他们的青春期在10岁以后就开始萌芽。伴随着青春期身体特征的发育，孩子们的性别意识也越来越明显，而性别认同——孩子在心理上对自己性别的认同和接纳——正是青春期的心理成长任务之一。这是一个很正常的心理发展过程，举一个简单的例子，在许多女孩的记忆里，都会有偷抹妈妈唇膏或者偷穿妈妈高跟鞋的经历，这是因为随着年龄的增长，慢慢地对自己"女性"的性别产生认同，并且想要主动去做一些女性会去做的事情。这其实是一件好事情，至少父母们不用担心孩子长大后会因为性别混淆而烦恼。但是由于孩子思维的局限性，有些事情他们想得并不全面，因此还是需要父母给予适当的引导。比如对于爱化妆的孩子，可以明确地告诉她，小孩子的皮肤比较娇嫩，化妆品会对皮肤造成伤害。也可以在闲暇时，多带着孩子去公园走走，领略自然美的真谛；或者带孩子去看一些艺术展等，提高孩子欣赏美、理解美的能力。

最后，孩子爱打扮源自一种吸引他人注意的心理，是一种社交心理需求。虽说进入小学高年级之后，孩子对自己的评价已经不再依赖于周围人的评价，但是随着社会化的渗入，孩子也会有一定的社交需求，他们需要通过别人的认可来确定自己的社交地位，至少保证不被孤立，因此，他们有时候会为了引起别人的关注而刻意地打扮自己，使自己成为受大众欢迎的人。也就是说，到了高年级之后，来自同伴的意见对孩子行为的影响也越来越大。

在这里有一个现象需要引起家长们的注意，那就是孩子在学校的人际关系。许多家长认为，对于小学生来说最重要的就是学习，其他都不重要。其实，这完全忽略了人际关系对孩子在学校生活中的影响。受到自我独立意识以及思维发展的影响，小学高年级的学生会将他们对父母的依恋转移到同伴身上。我们会发现，有些孩子不愿意去学校，并不是因为学业的压力，而是因为人际关系不好，或者因被同学们孤立。这种不良的氛围会严重地影响孩子的身心健康，也会进一步波及孩子对于学习的兴趣。就像有的孩子会因为没有得到同学们都有的玩具而表现得情绪异常激烈，其实真正令他伤心的并不是没有这个玩具，而是因为没有这个玩具他就失去了和其他同学交流的机会，会产生一种被排斥在外的感觉。正如对国外小学生关于化妆问题的采访中回答的那样："同学们都化妆了，如果我不化就会显得很土。"同样，如果别的小朋友都打扮得漂漂亮亮或者很帅气的话，其他孩子自然也会跟随着打扮，这不是虚荣心，而是孩子的一种社交需要。

当然，并不能否认孩子爱打扮也有可能是出于一种虚荣、攀比的心理。这源于整个社会的一种不良导向和父母带给孩子的错误影响。有时候我们认为是孩子虚荣，但是却忽略了孩子的虚荣其实是父母潜移默化影响的。许多父母在孩子满月的时候就大张旗鼓地给孩子办满月酒，把孩子从里到外打扮得非常隆重；到了孩子稍大一点时，更是认为自己的孩子绝对不能比别人的差，总是费尽心思给孩子进行着各种"打扮"；为了让孩子表现得更加漂亮或者是帅气，父母们在过节的时候会给小女孩涂涂指甲，化个妆，或给小男孩穿上西装，扎上小领带等。当听到别人对自己的孩子赞不绝口时，虚荣心得到了极大的满足。喜欢听好话的不仅是大人，孩子也在这种好话中慢慢养成追求穿戴的坏习气——因为他们认为这样更容易引起别人的注意和赞美。当一个小学生因为他的同学穿了一双名牌鞋子，就开始嫌弃自己脚上的不知名球鞋时，到底是谁灌输给了他这种追求名牌的意识呢？

一个10岁的小女孩，因为爱照镜子，喜欢模仿妈妈的样子。在一次过生日前夕，她央求妈妈送一面镜子当作生日礼物，妈妈便爽快地答应了。但是爸爸却认为小女孩这么小就开始学臭美，会分散学习注意力，也会造成很多的麻烦。但是妈妈却不以为然，还是遵守约定给小女孩买了一面镜子。此后，小女孩每天都会用这面镜子来观察自己。最初她觉得像妈妈那样化妆是美的，但是后来她又发现自己不化妆的样子更美。因为发现自己很美，所以她非常自信、活泼和开朗，在学校也颇有人缘。小女孩刚开始也喜欢像别的女生那样打扮，但是慢慢地她发现，自己还是最适合穿一些简单、朴素的衣服，她的同学并没有因此不喜欢她，因为开朗的笑容就是最美的化妆品。

　　当小女孩心里有不开心的事情时，她也总是喜欢悄悄地对着镜子里的自己说——那是她最亲近、最好的朋友。她在镜子里看着自己开心，看着自己难过，同时也看到了自己的优点和缺点，通过镜子她知道自己开心的时候是最美丽的。于是她努力地改正自己的缺点，调整自己的心情，慢慢地长成了一个坚强美丽而成熟理性的女孩子。

　　作为父母，请你也送给孩子一面可以带领他健康成长的镜子吧。

第三节　我长大后要做一名飞行员

对于小学四年级以后的孩子来说，他们中的大多数已经有了自己的理想。

奇奇今年 11 岁，他的表哥是一名飞行员，奇奇从小就听了许多关于表哥的故事。逢年过节每当亲友们聚在一起时，谈论最多的对象总是表哥。这让奇奇非常羡慕。奇奇眼中的表哥是很厉害的，他能够飞上天空，还可以周游世界。据大姨说，表哥是很"金贵"的，他们都是"金蛋蛋"。稍微长大一点的奇奇也在心里暗暗地给自己树立了一个理想：我长大后要做一名飞行员。

至于怎样才能成为一名飞行员，奇奇并不知道，他的亲友们也没告诉他。奇奇害怕别人笑话自己模仿表哥，所以他没有告诉其他人自己的理想。随着高年级学习的难度越来越大，奇奇开始变得不爱学习，他的兴趣开始转移到各种各样的航模上。每当奇奇拿起手中的航模"飞翔"时，他仿佛真的飞上了天空，奇奇非常喜欢这种感觉。后来奇奇的爱好以及他的理想被同桌发现了，原来同桌的理想也是做一名飞行员。奇奇的同桌悄悄地告诉他：飞行员可以不用考大学，上高中时就有专门的人到学校去挑选，这叫"招飞"——怪不得奇奇看同桌也不怎么爱学习呢。从此以后，"志同道合"的两个人更加为自己的不爱学习找到了借口，他们开始一起逃课，一起去玩航模，一起做他们的"飞行员"梦。

奇奇的成绩一落千丈，班主任找来了奇奇的爸妈，和他们一起讨论了奇奇的情况。从老师的口中，奇奇妈妈才知道了奇奇的理想，奇奇的爸爸也明白了儿子学习成绩下降的原因。一回到家，不等妈妈开口，爸爸就大声地斥责奇奇："就你这样还想做飞行员啊，不好好学习，将来连工作都找不到，等着去捡垃圾吧。你说说……"奇奇妈妈在一边干着急，插不进去话。爸爸的怒气终于发泄完了，奇奇被训得一把鼻涕一把泪的，抽抽搭搭地回自己房间了。一进屋，奇奇就把自己房间的门反锁上了，妈妈怎么叫他都不开。等爸爸出去后，奇奇妈妈找来钥匙，打开房门看到奇奇把许多学习用的书都扔到了地上，手里抱着一个航模正蹲在床边发呆，连妈妈进来都没有发现。看到这种情况，妈妈一时也不知道该怎样劝慰奇奇。

生活中的你有没有遇到过这种情况？你是否发现当孩子逐渐长大以后，他们开始有了自己的理想呢？尽管大多数时候，他们都像案例中的奇奇一样空有理想，却不知道如何实现，有的理想甚至非常不切实际，比如想成为体育明星或者歌星。虽然大多数的父母和老师都认为孩子有理想是好事，但是面对孩子们过于脱离现实的理想，却不能正确对待，可能许多人也像奇奇的爸爸一样，要么出言讥讽，要么无情打击，残忍地剥夺了孩子做梦的权利。

进入小学高年级以后，随着知识结构的改变，学习难度增加，孩子们的大脑发育也在进一步完善。他们的独立性增强，尤其是自我意识，这时的孩子会有一种强烈的成长欲，强烈地渴望自己长大，而只有成为他们认为的成年人的样子——比如飞行员、诗人、歌唱家等，他们才认为自己长大。另一方面，由于孩子们的知识和好奇心不成正比——知识贫乏，但好奇心却很强，导致他们的想法总是显得有些不切实际，这种特点使他们的想法容易被成年人忽略，不以为意。两种情况构成一种矛盾，一边是孩子急于用理想的美梦来满足自己成长的欲望，另一边是成年人对孩子不切实际的幻想的否定，当两者产生冲突时，由于成年人的强势，往往受伤的总是孩子。因此我们常说，在中国不缺乏有理想、有梦想的孩子，而是缺乏允许孩子做梦的家长和让梦想成长的教育环境。孩子的理想哪怕是不切实际的幻想，对孩子的成长也是非常重要的。换一个角度来看，孩子心中不切实际的心理活动也恰好说明了他们的兴趣很广泛，对自己不熟悉的领域求知心切。既然如此，作为家长和老师，与其"蛮横"地阻止，倒不如好好地引导孩子。

生活中的另外一个情况也会影响我们关于"理想对孩子是好是坏"的判断。在孩子进入小学高年级之后，和他们的理想同时迸发的还有学习成绩的下降。对此，有些家长可能会产生困惑：有了理想的孩子，学习不是应该更有动力、成绩不是应该更好吗？为什么反倒下降了呢？

这其实是两件事情。进入小学高年级后的孩子，学习成绩下降是普遍存在的客观情况，因为无论是从知识的结构还是学习的难度上，高年级与低年级都有了明显的不同，而孩子们内心在调节这一不同时必然会产生短暂的不适应，甚至产生一种厌学情绪——这是导致孩子成绩下降的罪魁祸首。这种学习上给孩子带来的压力或者是由于成绩下降所产生的失落感，使孩子迫切需要找到另外一种"替代物"来使自己摆脱这种情绪，萌芽于此时的理想就成了他们最好的选择——理想既可以让孩子在想象中满足成长的愿望，同时又可以让他们在探索中感受另类知识所带来的乐趣。

孩子们的这种心理表现在他们的行动上很容易给家长和老师造成一种假象，他们天天想一些乱七八糟的事情会耽误了学习。为此，许多家长会告诉孩子："你现在最重要的任务就是好好学习，别想些乱七八糟的事情。"于是，一个我们无意中对孩子使用的"禁果效应"——越禁止越有效——最终造成了孩子因为理想而耽误学习的实际效果。

我们为什么不试一试另外一种做法呢？正在读小学四年级的小然一次在电视上看了关于李白的纪录片后，便立志长大后要做一名诗人。妈妈问小然为什么要做诗人？小然却只回答妈妈："你看李白不就是诗人吗，多潇洒啊。"原来小然向往的是李白的风度。爸爸在一旁听了小然的话觉得很好笑，但是他并没有取笑小然，也没有告诉小然，李白也有落魄的时候。而是微笑着告诉小然："李白之所以可以潇洒，是因为有才华啊。你看李白的时代都过去了这么久，大家还在吟诵他的诗，还都非常尊敬他呢。这种才华可不简单，都是真才实学，而且他不光要读很多书，积累深厚的文学功底，还要有观察力和想象力呢。"

小然成长的这个时期正是争强好胜的时候，他觉得爸爸在小看自己。于是不服气地对爸爸说："那我也可以读很多的书，我也有想象力和观察力啊。""那很好啊，"爸爸也顺势鼓励小然道，"爸爸妈妈一定支持你成为一名诗人。"后来，小然的爸爸也用实际行动兑现了自己的诺言，帮小然买了许多学习诗歌创作的书，还买了名家的诗歌集让他学习。另外，爸爸妈妈还利用假期带小然参观了许多名胜古迹，鼓励小然将自己的见闻写成诗歌。

在爸爸妈妈的鼓励和支持下，小然虽然还没有成为一名诗人，但是他的写作水平却提高了许多，对文学的兴趣也越来越浓厚。看到小然的这些变化，爸爸甚是欣慰。这种文学上的兴趣所带来的成就感也影响到了小然对学习的兴趣，在整个小学至中学阶段，小然的学习成绩都名列前茅。

看了小然和小然爸爸的故事，我们不能不承认小然爸爸的教育是很成功的。对于孩子不切实际的梦想，我们也可以像小然爸爸一样采取因势利导的办法，"大处着眼，小处着手"，既鼓励孩子去实现他的梦想，同时也不忘引导孩子脚踏实地地从日常生活中循序渐进，一点一点地为梦想而努力。这个方法在学校也同样适用。老师对于学生不切实际的理想也可以利用"移情"的方式，让学生将自己对理想的热忱转移到学习中力所能及的事情上，如对于想做书法家的孩子，老师可以告诉他，书法家也都是从一笔一画开始练习的，所以现在就要一丝不苟地把字写好，引导孩子一步一个脚印向自己的理想靠近。

对于孩子的理想，还需要澄清一点：理想是孩子自己的，我们可以去引导，但是不能替孩子做主。许多大人都曾犯过这样的错误，总是一遍一遍地问孩子你长大后想要做什么？当孩子的回答不如自己的意愿时，就会忍不住纠正孩子，比如当孩子回答"我想做农民"时，估计许多家长都会说做农民很累的，天天面朝黄土背朝天，收入也少。但是却忘记告诉孩子，农民自己种粮自己吃，忘记告诉孩子劳动最光荣。对于孩子来说，理想就是梦想，在他们的心中本无好坏之分，会区分的只有经过社会浸染的成年人。大人们总是习惯于为孩子设计他们的理想，希望孩子上名校，将来找个好工作，捧个好饭碗，却忽略了孩子的世界没有这么多的功利——功利只会让孩子停留在输不起的恐惧中，扼杀梦想的空间里。

因此，对于孩子们的理想或者是梦想，我们唯一能做的只有倾听。倾听孩子的梦想，引导孩子为自己的梦想而努力。终有一天，我们会听到孩子的梦想开花的声音。

第四节　小学生也会谈"恋爱"

　　伴随着青春期的到来，许多孩子在小学阶段纷纷开始谈起了"恋爱"。对此，许多老师和家长大感棘手。然而我们有时候不得不多问自己一句：小学生真的会谈"恋爱"吗？

　　阿华是一名小学五年级女孩，她上个学期刚转到现在所就读的学校。阿华来自农村，她的父母都在这个城市打工，所以她也跟随父母来到了这里。在农村上学时阿华学习就非常刻苦，成绩也很好。进入新学校后，阿华依然学习很刻苦，但是她和其他同学的差距却越来越大。尤其是在英语学科方面，由于阿华在农村时没有学过英语，因此初接触起来她感觉比较吃力。阿华是个很虚心的孩子，她在课下总是请教一些英语成绩优异的同学，慢慢地，英语成绩也有了一定的进步。为了帮助阿华尽快适应新学校，更好地提高成绩，老师在一次调整座位时，特意安排了一名英语成绩很好的男同学小昭和阿华做同桌。在小昭的帮助下，阿华的英语成绩进步很快，课堂发言也变得很积极。在周测验时，阿华的英语成绩已经位于班级的中列，这让老师感到非常欣慰。

　　由于班级的座位一般都是一学期调整一次，有时候也会临时调整，到了新学期的时候，老师照例又该调整座位了。但阿华还是很想和小昭做同桌，于是她悄悄地找到老师，不好意思地对老师说："老师，我还想和小昭做同桌，可以吗？"老师以为阿华是想向小昭学习英语，考虑到小昭确实对阿华的学习有帮助，于是就答应了。

　　不久，老师发现阿华开始变得爱打扮了，上课也总是走神，成绩非但没有继续提高反而有些下降。她变得也越来越安静，不爱发言，有时候还一副心事重重的样子。老师以为阿华的家里发生了什么事情，准备抽时间和阿华聊一聊。没等到老师和阿华谈话，阿华的同桌小昭却先找到了老师。一天下课铃刚响，小昭便急急忙忙地跑来找老师，红头胀脸地将一张纸条交到老师手里，还着急地辩解道："老师，我没有啊，我真的不知道是怎么回事。"老师展开纸条一看，原来是一张阿华写给小昭的纸条，大意是想和小昭做朋友之类的。看着小昭急得快要哭的小脸，老师安慰他说："没什么的，你先回去上课吧。她只是想和你做个朋友，可能方式不太合适，你也不要多想，这件事情千万不要告诉其他同学，好吗？"小昭点点头走了。

　　知道了事情始末后，老师想了又想，找到了一个她认为比较合适的方式。在下午体育课的时候，老师借故让阿华帮助检查作业，和她一起留在了教室里。阿华似乎已经意识到了老师的用意，她脸涨得通红，看着温和地微笑着的老师，阿华吐露了心声：她其实对小昭是充满了感激的，小昭帮助她补习英语，帮助她提高成绩，这些都让她感到很温暖。其实她自己也不知道对小昭是一种什么样的情感，就是觉得自己挺喜欢小昭的，而且今天是她的生日，所以她才鼓起勇气……听完阿华的话，老师亲切地拍了拍她的肩膀说："谢谢你能信任我。同时我也想告诉你，其实在你们这个年龄段有这样的情况是很正常的，但这只是同学之间的友爱，小昭帮助你，你心存感激，所以会看小昭什么都好，这和成年人之间的异性感情是不一样的，你可以感激小昭，也可以和他做朋友，但是不一定非得认为是像成年人那样的异性朋友，或者是谈恋爱……"听了老师的话，阿华也觉得自己有些荒唐，她明白了什么是同学之间的友爱，为自己曾经的想法感到羞愧。从那以后，她将所有的精力重新放到学习上，又变成了以前那个开朗活泼的阿华。

　　看了上面关于阿华的故事，你认为她是在"早恋"吗？故事中的老师处理方式合适吗？其实在生活中，我们会遇到许许多多的"阿华"，但是他们却未必能够幸运地遇到故事中的那位老师。大多数小学高年级的孩子已经开始了属于他们的青春期，伴随着第二性特征的出现，他们会对异性产生一些关注和朦胧的情感，这些都是很正常的。对异性的态度在不同年龄段（或者是心理年龄）的孩子身上也会有不同的呈现方式。比如稍小一些的孩子通常会表现得男女界限分明，在一个集体中，男生或者女生喜欢结成同性小团体，相互讥讽对抗，最有代表性的莫过于课桌上的"三八线"——不过随着时代的变迁，现在的小学生一般都是单人单桌，因此"三八线"也随之消失，取而代之的是天然的桌缝；而大一些的孩子们则会因为好奇而产生吸引，表现为过往甚密，如放学一起走、一起出去玩、一起做作业等。后者很容易被我们视为"早恋"。由此可以得知，许多所谓的"早恋"并不是真正意义上的早恋。

　　同时，由于进入青春期的孩子们个体独立意识比较强，他们因为急于摆脱父母，所以很容易对成人产生抵触情绪，家长越不让做什么，他们偏偏要去做。当然，在父母视之为"早恋"的行为上更是如此。

　　曾经有相关调查显示，目前80%的"早恋"行为都与父母的态度和家庭环境有关。根据弗洛伊德的心理发展理论，人一般从11岁左右开始进入青春期，进入青春期后最明显的特征就是容易产生性冲动和容易产生与抵触成人的情绪。性冲动的主要表现为对异性的好奇和向往，这或许是我们对孩子"早恋"行为进行界定的主要依据。因此一旦孩子出现"早恋"问题，90%的家长都是马上制止，他们的理由大多都是早恋会影响到孩子的学习。家长们会不顾孩子的心理感受进行制止，这从另一个侧面也增加了青春期孩子心底原本就存在的对成人情绪上的抵触。于是，"早恋"往往会弄假成真。这些在无形中大大增加了小学阶段孩子教育问题的难度。因此，我们必须要慎重对待这类问题，同时，处理方式也一定要妥善。

对于小学生谈"恋爱"的问题，首先要正视其存在的合理性和普遍性。每一个成年人都是从各自的青春期成长起来的，我们可以遗忘却不能否认青春期对异性情感的产生是一种自然而然的感情流露，是一种生理和心理的需要。正如苏联教育家马卡连柯说过的那样："恋爱是不能禁止的。"如果真的要去调查，就会发现这种朦胧的情愫在小学高年级学生中所占比率为 70% 以上，只不过有些比较隐蔽，有些比较明显而已。因此对于这种"成长"中的需要，家长需要做的就是尊重。

其次，对于小学生"恋爱"需要正确地看待。事实上，正如上文所说，许多所谓的"恋爱"并不是真正的恋爱。对于年龄尚小的孩子们来说，他们甚至都不明白什么是爱，就强行被扣上了"恋爱"的帽子。小学生谈"恋爱"，其实只是行为上的一种模仿——他们在模仿成年人之间的亲密方式，但是他们的情感却只是一种单纯而普通的情感，不过与其他同学相比，交往过密罢了。这种交往有可能会对学习造成不好的影响，但也有可能促进学习的进步。发现这种情况后，家长和老师既不能过分对待，也不能视而不见，而是要对其进行正确的引导，让他们明白什么是正确的交往，正确区分友情和爱情，并让他们知道交往的基础是什么。一定不能对孩子的"早恋"角色进行过早的认同，而应该引导孩子扩展自己的交往面，在与更多人的交往中寻找交往的乐趣。

最后，对于谈"恋爱"的小学生，父母需要给他们提供一个温暖、充满爱的家庭环境。一般来说，许多出现"早恋"现象的孩子的家庭都或多或少存在一些问题，要么是父母关系不和，要么是家庭破裂，或者是父母长期不在身边。由于在家庭中寻找不到温暖，面对来自外界异性的温暖时，孩子们就会容易被吸引。这时候决定他们早恋的就不只是身体内的"荷尔蒙"，还有情感方面的因素。即使是在孩子"早恋"以后，温暖、充满爱的家庭环境也有利于孩子从"恋爱"中走出，恢复正常的生活。受道德因素的影响，许多孩子在和其他异性交往以后，自身都有一种"负罪感"，这种感情让他们不敢和同学、家长倾诉，也不敢公开自己的行为，这种私下进行的活动会大大分散孩子的精力，影响他们的学习。但是如果父母平时让孩子感觉到自己的亲近，是一个可以信任、可以倾诉的对象时，孩子也许在倾吐心声的同时，慢慢地就转移了原本只放在某个异性朋友身上的心思。总而言之，平等、尊重、宽松的成长环境对孩子的成长是大大有利的。

人生就像是乘坐一辆列车一样，每一阶段都有各自的风景，而"恋爱"是有了爱的能力后才能够欣赏的。所以，我们必须告诉孩子，眼下有更美的风景在等待着我们，它不容错过。这就是引导，这是尊重之外最需要我们做的。

第五节　追星行为与"偶像"情结

　　每一个时代都有每一个时代的偶像。当看到自己十一二岁的孩子开始收集某位明星的海报，开始模仿他的发型，穿一样款式的衣服，甚至不惜偷偷攒下零花钱只为观看偶像的一场演出时，成熟理性的我们开始变得忧心忡忡，一面口头谴责他们这种幼稚的行为，一面想方设法制止孩子的这种追星行为——我们俨然已经忘记了自己也曾经有过类似的行为，尽管追的偶像类型可能不同，方式也不一样。是否每一个孩子成长的过程中都需要偶像呢？对此，许多家长都困惑不已。

　　面对孩子追星，父母们最担忧的是什么？无非是害怕孩子的这些盲目行为使他们荒废了学业。很少有父母想要去了解孩子为什么要追星，在这么多的明星里，孩子为什么单单喜欢他。如果我们肯坐下来和孩子们聊聊天，谈谈他们的偶像，或许会发现孩子追星并没有我们想象的那么可怕，虽然有时候会形成一些不良的影响，但是如果能够进行正确引导，也完全可以转化为一种正面的激励。

　　现在的孩子最喜欢的某偶像团体近年来人气特别旺，他们的粉丝几乎涵盖国内的每一所中小学，小燕就是这个团体的超级粉丝。小燕收集了许多关于该偶像团体的海报，并且经常关注和该偶像团体有关的消息，当电视中有关于该偶像团体的采访或是他们的演唱会时，小燕更是激动得饭也不吃，功课也不做，只等着看自己的偶像出场。当该偶像团体出新单曲进行首签会时，小燕就会央求爸妈带她去现场，并且给自己买一套该偶像团体的专辑。看到自己的女儿如此疯狂地喜欢该偶像团体，小燕的爸爸妈妈实在是不理解。

一次，当小燕正在电视机旁津津有味地看偶像演出时，妈妈装作不经意地坐在小燕旁边说道："这就是你的偶像啊？长得确实挺帅的。"看到妈妈认可自己的偶像，小燕心里很开心，她激动地向妈妈介绍自己的偶像。妈妈心里有点为女儿的肤浅感到无奈，但是还是装作若无其事地继续附和小燕。一会儿妈妈又问道："你为什么喜欢他们呀？"小燕回答道："妈妈你不是也觉得他们很帅吗？""那除了帅你还喜欢他们什么？"妈妈不甘心地继续问道，小燕想了想认真地说道："我还觉得他们很阳光，而且很有进取心。他们以前也是像我一样的普通学生，就是喜欢唱歌，后来被选做练习生，经过训练走红后，还是一边唱歌一边学习，我喜欢他们对梦想坚持的这种态度。"听到小燕一口气讲出这么多自己的偶像的优点，妈妈有些感慨，看来孩子已经开始有自己的思想了。了解了孩子的内心想法后，小燕的妈妈觉得很欣慰。

后来，小燕发现妈妈也成了该偶像团体的"粉丝"，会和小燕一起听他们的歌，还主动"分享"自己收集的关于该偶像团体的消息，比如该偶像团体某成员学习成绩也很好啊，在学校对老师和同学有礼貌啊，他们人虽然红了，但是很低调等信息。通过妈妈分享的信息，小燕发现自己更喜欢自己的偶像了，但是正像妈妈所说的那样，喜欢不能只是一种表面上的行为，也应该转化为实际的行动——喜欢一个人就应该向他学习。于是，小燕也开始学习她的偶像积极向上的精神，学习他们坚持梦想的态度，她要用实际行动向看不起他们的人证明自己并不是"脑残粉"。在妈妈的精心引导和小燕的努力下，期末的时候小燕不仅成绩没有下降，反而各科成绩均有提高。为了奖励小燕，爸爸妈妈特意买了一张该偶像团体的新专辑送给她做礼物，拿到礼物的小燕真是高兴极了。

我们不得不承认，同样是面对孩子的追星行为，小燕父母的做法无疑是理智的，也是充满智慧的。其实只要我们肯和孩子多聊一聊就会发现孩子追星追的不是某个人，而是他们身上的一些品质，或者更准确地说，是那些明星身上的特质，其实就是孩子理想中的自我。

从年龄上来看，孩子进入高年级后，他们内心的自我意识也变得越来越强。他们对于外界信息的接收正处于一个外部和内部相结合的重要时期——既不像幼儿那样仅靠外界的信息来认识世界，也没有形成完全独立的思考。他们内心虽然已经有了强烈的自我意识，但却并没有清晰的自我形象。他们会尝试着从身边接触到的人中为自己确立一个理想的形象，而他们接触到的除了身边的平凡人就是电视上的明星。明星自带的光环以及漂亮的外表很容易获得小学生的认同，因此也成为他们理想形象的代表。对于初探自己内心世界而尚未形成稳定自我形象的青少年来说，他们的理想形象其实仅仅是一种感性的认识，他们不会去思考自己适不适合成为这样的人，也不会去思考自己该成为什么样的人，只是单纯地想成为这样的人。也就是说，偶像崇拜只是为了帮助孩子实现自我确认。

从自我意识的产生到追求理想自我的过程，是每一个孩子在成长中都必须经历的，也是孩子从青少年走向成年的一种过渡性行为。

除了理想自我的作用，孩子们的追星行为与偶像崇拜还是孩子成长中的一种特殊心理需求。弗洛伊德曾经在他的精神理论中指出，青少年在成长的过程中对偶像的崇拜源自个体精神分割的需求。随着年龄的增长和心理的成熟，孩子内心的自我意识也变得越来越强烈，这种自我意识要求他们在情感上完成对父母依恋的分割，因此他们需要足够的认同来强化自我的力量。偶像从某种意义上来讲，正是孩子心理上为自己寻找的外界认同。孩子崇拜的偶像一般都是有足够的能力可以实现自我独立的人，因此孩子们也希望和他们崇拜的偶像保持行为上的同一性，获取心理上的支持，成为和偶像一样"强大"的人，从依赖走向独立。

正如儿童行为学家埃里克森所说的那样，儿童的偶像行为其实是一种儿童在探索自我时的同一行为，他们从对偶像的崇拜中寻找成长的力量，也从成长的力量中汲取足以获得独立的能力。

当然，从客观因素上来讲，我们并不能排除社会给孩子带来的影响。从社会和环境的因素上来看，孩子的追星或偶像崇拜也可能是社会导向下的一种羡慕心理造成的。模仿性强是青春期孩子的又一大代表行为特征。在市场经济主导下，许多大规模的造星运动不仅成就了许许多多的明星，同时也带动了相关产业的发展，各种因素相互关联，明星成为"名利双收"的代名词。小学生尽管被保护在充满书香气息的校园里，但是也不可避免地会从其他渠道获取这些信息，比如从电视、网络等渠道了解到今天某某得了奖，明天某某成为形象大使等。对于生活简单，世界观、价值观都尚未形成的孩子来说，当衣着光鲜、生活奢侈的各类明星出现在他们的视野中时，理所当然就很容易成为他们崇拜的偶像，因为崇拜，所以就会进行模仿，无形中又促进了一些产业的发展。如此循环往复，被一些别有用心的商家看在眼里，孩子就更加难以逃出这种"名"与"利"的诱惑了。在这样的环境诱惑下，孩子想不追星都难。

综上，面对孩子的追星行为和偶像崇拜，家长和老师们除了正确对待，最重要的就是引导。除了避免让孩子过多地接触充满商业气息的环境外，我们要尽可能地为孩子树立一种正确的人生观和价值观。对于孩子的追星行为，我们要明白追星背后的原因，也可以和孩子一起去追他们的"星"，通过对孩子的了解和"星"的了解，用客观的评价潜移默化地影响孩子的人生观和价值观。而对于孩子追星过程中出现的不理智、不成熟行为，家长要有耐心、够宽容，要明白孩子之所以会这样是因为他们的心理还不成熟，阅历比较浅，做事容易冲动，这些都是客观因素造成的，与孩子的本质无关。如果有机会，我们一定要让孩子多接触各方面的"明星"，让孩子所追的明星变成他们学习的榜样，发挥榜样力量无穷大的作用……

任何事情的利弊都是没有绝对性的，对于孩子成长中出现的问题尤其如此。正确看待和引导孩子的追星行为和偶像崇拜，他们有一天也会成长为自己心目中的"大明星"。

第六节　每个孩子都可以有自己的"小秘密"

　　当你发现自己的孩子越来越渴望有一个独立的空间时；当你发现了一本孩子带锁的日记本时；当你发现孩子似乎开始在你面前有"秘密"时，你是希望继续保持你们之间的坦白还是选择尊重孩子的隐私呢？尽管许多家长会辩驳，如果我们不能及时了解孩子的情况，他们可能会因此走上歧路——这固然是一种可能性，但是也不得不说，以爱为由的我们还是侵犯了孩子的"隐私权"。

　　什么是孩子的隐私权呢？每个人对此有不同的理解。有些家长理解为不能偷看孩子的日记；有些家长会理解为不当众揭孩子的短；也有些家长会说不窥探孩子的小秘密。事实上，我们都或多或少地了解一些隐私权所包含的内容，毕竟对于成年人来说，自己都有许多需要保护的隐私。但是当我们面对孩子时，尤其是已具有行为能力但未成年的孩子的隐私时，却对这种侵犯常常不以为然。在家庭中，当一个孩子做了某件比较可笑的事情时，父母或者监护人会竭尽所能地将这件事情宣扬得尽人皆知，小到孩子身上的一个胎记，大到孩子某次无意中的尿床行为，都会被大人们津津乐道。他们在分享孩子的秘密的时候肆意地欢笑，而孩子却因为隐私被侵犯而内心羞愤不已。学校每逢一次考试结束之后，学生们的成绩总是会被以不同的形式公布出来，虽然美其名曰"激励"，但是事实上却侵犯了孩子的隐私，让孩子的心灵在这种公开的比较中被肆意地践踏。孩子们在隐私被侵犯的同时，人格尊严也受到了伤害。正如马克斯·范梅南和巴斯·莱维林在《儿童的秘密：秘密、隐私和自我的重新认识》中所言："隐私的权利也是一个普通的人权，基于人的尊严的原则。孩子的隐私权产生于这种人权。因此对孩子们生活中隐私的尊重与孩子的尊严相关。"

尽管我们已经把尊重孩子的隐私和孩子的尊严联系在了一起——它们的本质也确实是有相通之处，但是在生活中我们还是很难做到尊重孩子的隐私权，甚至不知道孩子究竟是什么时候开始拥有自己的隐私的。在中国，父母总是习惯性地将孩子看成是自己的私有物品，这一点从称呼上就可以看出来：一位父亲在称呼自己的儿子时，用得最多的是"儿子"，而不是直呼其名，而"儿子"其实是"我儿子"的简称。由此可见，这位父亲的潜意识里将孩子更多地看成是自己的儿子，而不是一个独立的个体。既然在父母的眼中孩子并不是一个独立的个体，显然也就没有了"你""我"那么明显的区分。因此，孩子所谓的"隐私"就自然而然地被父母忽略了。

这种现象如果发生在孩子比较幼小的时候，他们或许会不以为然。但是当他们越来越多地使用"我"时，就意味着他们的自我意识开始慢慢地觉醒。孩子使用"我"这个词时，经历了一个由物主代词向人称代词过渡的过程——在孩子刚接触"我"时，他们只是习惯性地将以前指示自己的词语如宝宝、丫丫等换成"我"（其实是"我的"），然后才慢慢意识到"我"就是自己，是一个独立的个体，这时的"我"才能真正意义上代表孩子自己。当孩子真正地明白了"我"的含义后，他们开始尝试着将自己从客观的世界中分离出来，这里的客观世界泛指儿童自身以外的所有人和物，也包括他们的父母。一般情况下，很多孩子尽管从幼年时期就能够熟练地使用"我"作为代词，但是只有在经历了青春期多次和外界的冲突后，才能真正将"我"与"他"分开。如果说父母和孩子在此之前的状态是"你中有我""我中有你"的话，那么，在此之后孩子就会将父母剥离在"我"之外。而孩子也是在此时开始有了自己的隐私意识。

曾经在报纸上看到过这样一篇报道。某市一名小学六年级的女生一次放学回家后，爸爸劈头盖脸就对她一顿吵，一边骂一边说："我说你最近怎么学习成绩下降了，还喜欢打扮，原来你小小年纪就不学好，学别人谈恋爱啊。你觉得自己美啊，你们这么小知道什么是恋爱吗？还谈恋爱，做朋友……"原来，这位爸爸趁女儿上学的时候偷偷翻看了女儿的日记，并看到了一封夹在日记里的一位男同学写给她的信。女儿又羞又急，哭着对爸爸说："你不尊重我的隐私，偷看我日记，你违法！"听到女儿如此"不敬"的话语，爸爸伸手打了女儿一个耳光。不料，女儿第二天竟然失踪了。4天后，在警察的帮助下，这位冲动的父亲在离家五十多公里的一处河湾找到了女儿的尸体。

这是一起因家长不尊重孩子隐私而酿成的悲剧。这种极端的事件虽然在我们的生活中并不多见，但却深深地暴露了家长缺乏尊重孩子隐私的意识和侵犯孩子隐私权时的无知。每个人都会有自己的隐私，隐私就是藏在我们心中不愿意告诉他人的秘密，这些秘密不仅成人有，孩子也有，秘密对于孩子的意义更大。

正如我们在上文中所讲的那样，孩子的隐私意识始于他们心中独立自我的形成。孩子之所以在成长的过程中会慢慢关闭自己原本敞开的心扉，是因为他们需要独立的空间来完成对自我的验证。通过这种关闭将自己与原本的世界隔开，在这种独立中感受被社会和家庭尊重的人格。这是孩子从少年走向社会的前奏，对于孩子的身心影响非常大。从某种意义上甚至可以这么说，没有秘密或者是隐私意识的孩子是不健全的，因为他们还没有学会把自己从所处的世界中抽离出来。

但是，尊重孩子的隐私是否就意味着我们对孩子的秘密不管不问，任其自由发展呢？这对于作为孩子成长监护人的父母来说，是否显得有些失职呢？对此，我们仍需要从长计议。首先，我们需要肯定的是孩子的隐私，这意味着其独立意识与尊严意识的形成，所以必须予以尊重。其次，我们要谨防孩子以"隐私"之名遮蔽其真正想要逃避的问题。比如说，有些孩子早早地就学会了上网，他们会通过网络将自己平时不愿意告诉父母的事情倾诉给朋友，这虽然是孩子青春期的一个普遍心理，但是有时也会发生一些意外。比如他们由于见识和阅历都比较浅，情感也比较冲动，容易被坏人所利用，或者他们在聊天的过程中慢慢地偏离主题，聊一些儿童不适宜的话题。对于这种情况如果我们不管不问，孩子一定会养成许多坏习惯，这对于孩子将来的成长来讲是很不利的。可是如果我们一旦介入，就意味着侵犯了孩子的隐私，面对这种两难的境地父母应该如何是好呢？这恐怕才是多数父母不能真正尊重孩子隐私的深层原因。

或许我们大可不必如此忧心忡忡。这一点，可以向国外的父母好好学习一下。相较于中国的父母，许多外国家长给孩子营造的家庭氛围似乎更轻松一些——既然我们已经知道了这个年龄的孩子需要完全属于自己的空间，需要自由，那么我们为什么不给他们这样的空间和自由呢？一个宽松的环境可以让孩子在心理上放松很多，而且宽松的民主氛围会使父母更好地成为孩子的朋友。当父母扮演的角色不只是父母，还是一位贴心的朋友时，孩子说不定就愿意把秘密和我们一起分享了——许多时候，当孩子分享他们的秘密时，我们会发现那其实是一件很小的事情，根本算不上什么隐私。然而孩子就是这样的，只要是他们不愿意让你知道的，就是他们想保密的，也就属于他们的隐私。

在尊重孩子隐私的时候，耳朵和眼睛往往比嘴巴可以起到更大的作用。当发现孩子有秘密时，急于知道孩子动向的我们总是会迫不及待地问他们："我们能谈一谈吗？"这句话看似很贴心，但是效果却并不怎么好。通常情况下，只要用这句话开头，正常谈话就只剩下发出邀请的人在说了。面对不愿意说出自己秘密的孩子，我们不妨试着和孩子分享一些自己曾经的经历作为交换，此时孩子可能会愿意说出一些他们的秘密，或者有时候虽然不愿意说自己的秘密，但是却会说一些生活中的事情或者是自己不顺心的事情，对此，我们只要耐心地倾听，就会发现孩子心理发生变化的蛛丝马迹。其实，孩子某个阶段的变化不一定非让他们用嘴巴告诉我们，它有时也会表现在孩子日常行为中，只要我们细心观察，耐心开解，效果绝对比打探孩子的秘密更好。

最后，愿天下的父母都能明白，相较于永远以小孩子的身份被父母宠爱，孩子更愿意在父母的陪伴下慢慢地长大，并且他们也希望父母可以见证并承认自己的这种成长。让我们从尊重孩子的隐私，尊重每一个孩子拥有秘密的权利开始，一起见证孩子们的成长吧。

编者后记

对于 9 ~ 12 岁的孩子来说，我们不能再用看小孩子的眼光来对待他们——尽管在父母的眼中他们永远都是长不大的孩子。伴随着年龄的增长，他们的心理也在逐渐成熟，他们开始意识到自己是一个独立的个体，并且尝试着慢慢地独立，独立于父母之外，独立于原本的环境之外。这种强烈的自我意识在他们进入青春期后会变得更加明显。在许多人的眼里，和青春期相伴的永远都少不了"烦恼"二字，对于孩子来讲，亦如此。随着青春期的到来，他们开始发现自己与他人的不同，一方面对这种不同充满了好奇，另一方面却强烈要求自己融入所属的团体之中。与此同时，异性之间产生的朦胧情感，自我形象的不清晰，情感上的易冲动和叛逆，甚至是他们逐渐觉醒的强烈的自尊意识，这些都给他们带来了不少烦恼。他们既渴望父母和同伴的认可，又希望摆脱他们对自己的干扰，在这种矛盾与冲突中，孩子一次次地完成了对"自我"的认识，也一点点地从年幼走向成熟。这是孩子儿童时期的最后一个阶段，从此之后，他们将开始真正地走向独立，开启人生的另一个阶段。